共同養育

別れたふたりで
子育てをするための
ケーススタディ30

離婚・別居後の

しばはし聡子 著
（一般社団法人りむすび代表）

実践マニュアル

tomi shobo
遠見書房

はじめに

はじめまして。一般社団法人りむすび代表しばはし聡子です。このたびは、この本をお手に取ってくださりありがとうございます。

みなさんの夫婦生活は今どのようなフェーズでしょうか。夫婦関係に悩みがある方、離婚が頭をよぎっている方もいれば、離婚に向けて行動を起こしている方もいるかもしれませんね。

そんななか、子どもがいる場合には、離婚したいけれど子どもに悪影響があるのではないか、と躊躇されている葛藤もあるかと思います。もちろん、子どもにとっては離婚しないことに越したことはありません。子どもは両親がいつまでも仲良く過ごしてくれることを切に願っています。ただ、どうしてもやむを得ない場合には離婚をするのもひとつの選択です。

離婚するほどの夫婦ですから、関係性がよいはずはありませんが、ひとつ覚えておいてもらいたいことは「離婚しても親子関係も親同士の関係も続く」ということ。離婚をするとひとり親で育てると思われがちですが、子どもにとっては両親であることは変わりないですものね。

では、離婚するほどの夫婦がどうやって両親として子育てに関わっていけばいいのか、について、具体的に知りたい方も多いのではないでしょうか。

遅ればせながら、簡単に自己紹介をさせていただきます。私自身も離婚経験者です。当時息子が小学校4年生の頃、弁護士を雇って調停離婚をしました。夫への嫌悪感や拒絶感から関わりたくないという思いが強くあり、別居後息子と夫が交流することに後ろ向きな母親でした。

父親のことが大好きだった息子は私の顔色を伺いながら、父親に会いたいと一言も発することなく、交流した際も家に帰ってから父親の話を一切しないという、まさに私に忖度した生活を送らせてしまっていました。

息子の気持ちが不安定になってしまったことなどがきっかけで、元夫ときちんと正対しようと気づいたのが離婚してから1年後。自分から元夫へ「息子ともっと会ってほしい」と連絡をして以来、あっという間に元夫婦のわだかまりが解消し、現在では息子の成長をともに見守り、時に相談をしあえる親同士の関係を再構築することができました。

なにより変わったのは息子です。以来、息子は積極的に父親の話を私の前で堂々とするようになり、タブーがなくなったことで母子の関係も良好に。私が前向きになったことでオール・ウィンの関係が今も継続しています。

自身の経験から「離婚しても親子関係、そして親同士の関係は続く」ということを痛感し、当たり前のことなのに当たり前になっていないこの社会に疑問を持つとともに、息子のような子を増やさないために、そして離婚後親同士の関係を築くことに困難を抱える方のサポートをしたいという思いから、２０１７年に会社員を退職し、一般社団法人りむすびを設立しました。

りむすびの活動を始めた頃は、「子どもに会えない父親、子どもを会わせたくない母親」からのご相談が多かったのですが、ここ2年くらいでしょうか。「離婚したいけど離婚後も父親に子どもに関わってもらいたい。子どものダメージを最小限にしたい」という母親からのご相談が増えてきました。そして、どの母親も声を揃えて言うのが「話し合いがうまくできない。離婚した後、元夫婦で子育てをしていきたいけれど具体的なイメージが湧かない」ということ。

離婚を後押ししたくはないけれど、離婚を選択することを決断しているのであれば、①話し合い方、②離婚後の子育ての仕方についてのアドバイスは、まさにりむすびの得意とする専門分野なので、具体的なケースも含めてお伝えすることで離婚に悩んでいる方、そしてその先にいる子どもたちを救えるのではないかという思いから、この本を執筆するに至りました。

離婚したいと思うと、目の前のことで頭がいっぱいになって、いかに有利に離婚するかということばかり考えてしまいがちですが、数年後の先を見据えて逆算思考で今何をすべきかを知っていただける機会になれば光栄です。

目次

離婚・別居後の
共同養育実践マニュアル

別れたふたりで子育てをするための
ケーススタディ 30

第1章 子どもがいて離婚を悩んでいる人が知っておくべき3つのこと

1．離婚しても子どもにとっては親はふたり、親子も親同士の縁も切れない

「シングルマザー」「シングルファザー」「ひとり親」という言葉があるように、離婚すると親はひとりになると思われがちですが、子どもにとっては本当にひとりになるのでしょうか。

正解は「ふたり」。親が離婚しても子どもにとってはパパ・ママであることは変わらないわけですから、親はふたり居続けるのですよね。もちろん子どもに危害が及ぶ場合には、適切な更生や支援が必要なケースもありますが、だからといって親がいなくなるわけではありません。

どんな親だろうと唯一無二の父親と母親。離婚したら子どもと会わない、会ってはいけない、会わせたくないといった親の都合で親子関係を途切れさせてはならないわけです。

離婚の渦中にいない人たちに、「離婚をしても親は変わらずふたりですよね」と伝えると、「そうだそうだ。そのとおりだ」と同意を得られるのですが、離婚の渦中となると、「離婚するほどの相手なのだから子どもにも会わせなくてよいはずだ」といった発想が生まれ、また社会がそれを肯定する文化が日本にはあります。これ

はその渦中の人が悪いわけではなく、日本の価値観に問題があるのではないかと常々感じます。

だからこそ、ぜひともまず冒頭に知っておいていただきたいひとつめのことは、「離婚しても子どもにとって両親であることは変わらない。親子関係も親同士の関係もずっと続く」ということなのです。これは歴然とした事実で、親であることをなかったことにはできません。これに腹をくくってしまえば、「どうやったら会わせないで済むか」「もうひとりの親の存在をなかったことにできるか」ではなく、「どうやって離婚した夫婦が両親として関わっていくのか」を考えていくことの方が建設的であることが見えてくるはずです。

もし、今まで「どうやったら会わせないで済むか」「もうひとりの親の存在をなかったことにできるか」と思っていた方も、この本を手にとって気持ちがザワついていたら大きな前進です。手遅れなどありません。「今までしていたことは子どもにとってよくなかったのかな」と思うのであれば、今日から考え方を変えればいいだけです。「いや、子どもにとっては親はひとりだ」と思い続けるのだとしたら、ご自身が子どもの立場だったら「あなたには親はひとりしかいない」と言われたときにどんな気持ちになるかを想像してみましょう。

2. 片親と縁が切れることは、子どもにとって大きなダメージがある

①〝よかれと思って〟の誤解

離婚は縁切りのごとく、別れたら離れて暮らす親（別居親）はなきものと悪気なく思っている人もまだまだ少なくありません。子どもが早く忘れるために、よかれと思って、会わせない方がいいのではないか、と悩む方もいるほど。また、子どもが小さいうちに別れて早く再婚し、新しい父親や母親をつくってあげることが子どもにとって幸せなのではないか、と思う方も多くいるのが現状です。

この、〝よかれと思って〟に、ちょっと待った、です。離婚すると子どもが片親になってしまうのがかわいそ

う、片親でも寂しい思いをさせないように、私が両親の役割を果たす、などと思っているのであれば、そんな風に思う必要は全くありません。なぜなら、離婚しても母親は母親、父親は父親であることは変わらないからです。すべて自分ひとりで背負い込もうとしていた人は、少し気持ちが楽になるのではないでしょうか。

愛する子どもを離婚によって苦しめないためには、結婚生活中と同様とまでは言いませんが、変わらず別居親と関わる環境をつくればよいのです。死別や失踪などで片親と関われないケースではない場合には、片親と関われる環境を残しておくことに越したことはないです。

②自分が子どもの立場だったら？

「離婚した後は夫婦として縁を切りたいし、親子関係も終わりにさせたい。相手は子どもに悪い影響を与えるから子どもを守るためにも会わせない方がいい」と思っている方もいるかもしれません。

そんな時には、「自分が子どもの立場だったらどう思うか？」を考えてみると答えはシンプル。

すごく厳しい親で一緒に暮らしていた時には嫌な思いをしていたとしても、離れて暮らしそれっきりになってしまったら、「自分のことをどう思っているのだろう？」と気になりながらこの先の人生を過ごしていかなくてはなりません。子どもが自分の目で親を確かめる機会は自由に持っていてよいのではないでしょうか。

一方、大好きな親と離れてしまった場合には、ずっと会いたいのに会えないという複雑な思いを抱えながら生きていかなくてはなりません。自分が子どもだったら、親が別れることはつらいけれど、その後も離れて暮らすこと以外はできるだけ変化がないことを望むでしょうし、さらには親同士が争わないでいてほしい、そう願って当然ではないでしょうか。

まとめますと、ふたつめとして知っておいていただきたいことは「離婚することが親子関係を途切れさせる理由にはならない」ということです。

3．いかに争わずに離婚するかが今後の人生を左右する

離婚というと、裁判所で夫婦がバチバチに争って財産を奪い合い泥沼化していくというイメージが頭をよぎるかもしれません。もちろん、離婚するほどの夫婦ですから、仲良く話し合いなどできるはずもありませんが、だからといって不要に争う必要はありません。

特に子どもがいる場合には、離婚した後も親同士として関係が続くわけですから、できるかぎり争わないで建設的に離婚の話し合いができる関係を続けていくことがベターです（図1）。

ところで、人はどんな時に争う気持ちになるのでしょうか。なにかを奪われそうになった時、自分を批難された時ではないでしょうか。まさに、離婚は「いかに相手から財産を奪うか、子どもを自分のものにするか、相手を批判して自分の立場を優位にするか」になりがち。それゆえに、同居中よりも別居後の方がさらに関係が悪化しがちです。

逆に「離婚したい気持ちは変わらないけれど、なにかを奪うつもりもなければ、相手を責めるつもりもない。子どもを第一に考えて話し合いをしたい」というスタンスで話し合いを持ちかければ、それ以上の悪化は防ぎやすくなります。

争って離婚し、離婚後直接やりとりができない、ないしは、やりとりがストレスフルな関係性になってしまい、親同士の関係が円滑ではないと、子どもはもちろんのこと、自分自身もせっかく離婚してもスッキリせずに常にストレスを抱える生活が続くことになります。

また、「早く離婚したい」という目先のことだけで争うと、むしろ離婚できないという末路をたどることも。

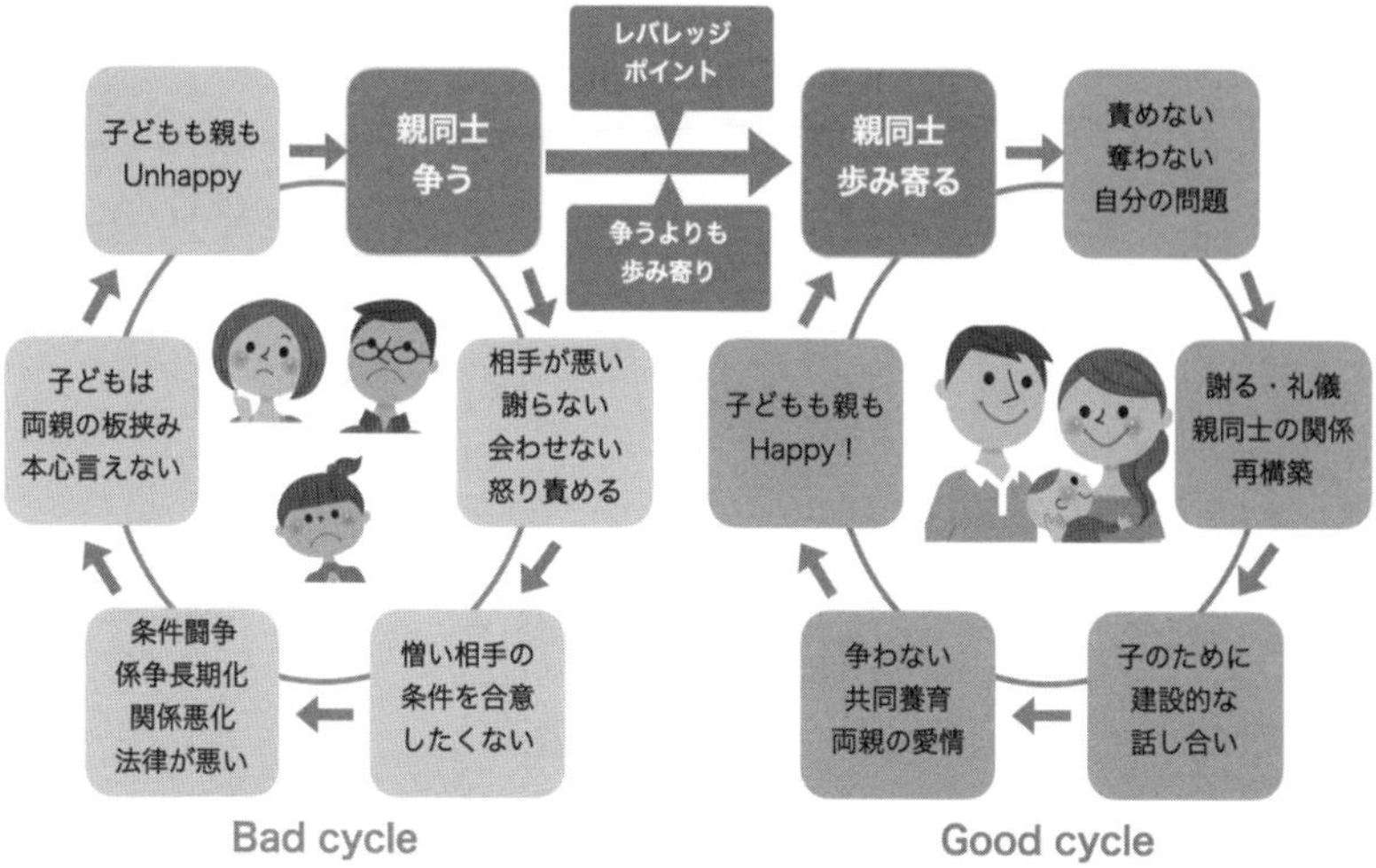

図１　親同士が争うバッドサイクル×親同士が歩み寄るグッドサイクル

人は誰しも自分が原因で離婚になるということは避けたいものです。自分を否定され、「あなたのせいで離婚する」と言われたら、「そんな悪いことはしていない。だから離婚しない」となるのが心情です。

円滑に離婚するために、離婚後ストレスフリーになるために、そしてなにより子どものために、「争わない」一択なのです。

第2章 共同養育ってなに？

1章では、「離婚しても親はふたり」であり、離婚しても親子関係も親同士の関係も続くことをお伝えしましたが、離婚後に両親が子育てに関わることを「共同養育」といいます。

現在、民法改正で「共同親権」という言葉をニュースなどで耳にすることが多くなりました。また、現在調停中の方や離婚している方は「面会交流」という言葉の方がなじみがあるかもしれません。

離婚後共同親権が導入されると何がどのように変わっていくの？　共同養育と面会交流は何が違うの？　離婚しても父母で子育てをしなくてはいけないの？　など、疑問や不安がおありな方も多いかと思いますので、ひとつずつ整理していきましょう。

1．親権とはなにか

親権とは、未成年の子が一人前の社会人になるために養育する、親に認められた義務であり、権利です。そして、親は子の利益のために適切に親権を行使しなければならないとされています。

親権の内容は、財産管理権と身上《しんじょう》監護権とに分けられています。

身上監護権とは、子を監護・教育する義務・権利をいいます（民法８２０条）。子に対して住む場所を指定できる居所指定権や、子に対して働くことを許可する職業許可権も含まれます。

財産管理権とは、子の財産を管理し、子の財産に関する法律行為について代理する義務・権利をいいます（民法824条）。

なお、親権がなくても親子関係が存在する事実に変わりはなく、子どもは、その利益に反する場合を除き、双方の親と継続的に関係を持ち、直接接触する権利があります。（子どもの権利条約9条3項）。

2. 離婚後共同親権制度の導入

現在、離婚後共同親権導入に向けて法改正の動きがあります。これまでは離婚をすると一方の親が親権を持つ単独親権でしたが、法改正が成立すると、婚姻中と同様に離婚後も双方が親権を持ち続ける共同親権にすることも可能になります。離婚する際には、親権を双方が持つか一方が持つかを必ず決めなくてはなりません。

父母間で意向が異なる場合には、親子関係や父母の関係などの事情を考慮した上で、子どもの利益を害すると認められる時には、一方が親権者になることを裁判所が判断することになります。

また、親権を父母双方が持つ際に、一方を、子どもの身の回りのお世話をしたり教育方針や住む場所を決めたりする「監護者」に指定することができますが、強制ではありません。

ただ、一方を監護者に決める時には、もう一方の親は監護者のやり方を妨げないようにする必要があり、決めない場合は、監護方法はフェアにお互いのやり方を尊重することになります。

なお、監護者を決めない＝共同監護＝物理的に日数を半々にして子どもが父母の家を行き来するような印象を持たれがちですが、これまでと同様に、メインで暮らす親（同居親）と離れて暮らす親（別居親）を決めることは問題ありません。

まとめると、離婚後共同親権導入された場合には、

（1）共同親権&監護者を決めない

（2）共同親権&監護者をどちらかに決める

（3）単独親権&監護者を決めない

（4）単独親権&監護者を他方に決める

という4つのパターンになります。

さて、円満に離婚できる夫婦は問題ありませんが、離婚するほどの夫婦ですから親権でもめることも容易に想像できます。そんななか、今回の法改正で「婚姻関係の有無に関わらず、子どもの利益のために父母は互いに人格を尊重し協力しなければならない」という文言が追加されます。

この「互いに尊重し協力する」を紐解いていくと、数多く高葛藤な父母に介入し支援しているなか、「この夫婦は共同親権でやっていけるだろうな」、「ここは単独親権じゃないと難しいな」と明確にわかる基準がありま す。

無論、子どもへ危害を及ぼす場合は単独親権一択ではありますが、父母間の関係性という切り口では、あくまで個人的な見解ですが、「自分も悪かったという視点を持てるか」ということがポイントになるのではないかと考えます。

精神的なDVにより相手からの攻撃や支配から逃れるために別居や離婚を決意している方にとっては、「離婚後も共同親権だなんて論外」と危惧されているであろう心中をお察しします。

実際支援をしていても、「自分は悪くない。相手が悪い。社会の仕組みが悪い」という論調で、他責思考であり続けている方も少なくありません。また、相手が歩み寄っているのにもかかわらず頑なに拒み続ける場合

も、離婚後も尊重や協力は困難であることが容易に想像できるため、共同親権は困難だと推察します。自ら内省し相手の立場を考えて「ごめんね」が言えるかどうか、子どもの喧嘩ではありませんが、これに尽きるわけです。裁判所がどのような基準で共同親権か単独親権かを判断するのかは見守るところではありますが、行き着くところ「親同士として争わない姿勢を保つことを継続的にできるか」が大事な判断基準なのではないでしょうか。

実際、支援をしているなかでも、子どもを連れて別居した同居親に対して、「なぜ家を出たのか」を振り返り歩み寄るスタンスを持ち続けた別居親はそれ以上関係が悪化せず子どもとの交流も拡充し、離婚はやむを得なかったとしても夫婦から父母の関係を再構築できている方もいます。また、相手が歩み寄り継続的な改善が見られていて、親子関係に問題がない場合にも、夫婦の感情のもつれから、子どもとの交流を拒んだり、子どもを所有物化し、相手の悪口を言ってしまったりする同居親も見受けます。このような場合の判断も慎重に行う必要があると感じるところです。一方で、相手の歩み寄りによりわだかまりが解消し、子どもの養育を父母で行うことに前向きになれている同居親もいます。このような方々は、ぜひとも共同親権で父母で協力しながら子どもに関わり続けてほしいと願います。

相手の意向で単独親権になってしまうのではないか、と危惧するのであれば、共同親権でいられるように、共同で親権を行使しやすい相手に自分自身がなることに注力することをおすすめします。

さて、ここでひとつ勘違いしないでおきたいのが、親権を持っていないからといって親でなくなるわけではないということ。たとえ親権がなかったとしても子どもにとって親であることは変わらないので、単独親権だからといって養育費を払わなくていい、親子交流をしなくていい、ないしは親子交流をさせなくていいということではありません。親権の有無に関わらず、親子であることは婚姻中同様になにひとつ変わらないのですね。

3．共同養育とは

共同養育の定義は「離婚後両親が子育てに関わること」であり、親権の有無とは関係ありません。先ほど説明した（1）（2）（3）（4）のどのケースにおいてでも、各ご家庭の状況によって関わる頻度や方法をカスタマイズしながら共同養育することはできるのです。のちの6章で具体的な共同養育のケース紹介をしていますので、ご自身がどのケースが合っているか、どの共同養育ならできるかを考えながら読み進めてみてくださいね。

また、面会交流という言葉を聞いたことのある方もいるかと思います。面会交流とは、「子どもと別居親が交流すること」であり、交流方法や頻度を父母間で決められない場合には、裁判所で面会交流調停という方法で決めることもあります。最近では親子が会うことに対して「面会」という表現が適さないことから「親子交流」と呼ばれるようになってきました。

面会交流は、共同養育と似た意味合いではありますが、共同養育の方がより広義の意味での子どもの養育への関わりを意味し、親子交流（面会交流）は共同養育のひとつの手段であり、共同養育に内包されるような位置付けになります。

4．共同養育が適さないケース

「共同養育はできる人がすればいい」、「相手がＤＶ夫だから共同養育なんて絶対無理」、「相手を子どもに関わらせたら危険」と思われている方もいらっしゃるかもしれません。さきほど共同親権は、「親子関係や父母の関係などの事情を考慮するうえで子どもの利益を害するかどうか」が判断基準だとお伝えしましたが、共同養育において、子どもに直接的な危害があった場合や、父母の関係が悪化している場合に、共同養育をするかしないかはどのような判断をしていくのがよいのでしょうか。

まず、親から子どもへ暴力など直接的な危害があった場合には、親は適切な更生プログラムを受けさせるなどし時間をかけて更生することが必須です。

そのうえで、子どもの意向を尊重することを大前提とし、子どもが会ってもいいということであれば、親子交流支援を利用するなどして交流を少しずつ再開するのもひとつです。暴力をした親は二度と会ってはいけないということではなく、子どもに謝ったり改善された姿を見せたりする機会が有意義となる場合もあります。

子どもは暴力をされたことで「自分が悪かったのではないか？　親に愛されていないのではないか？」という思いから、親のことを憎んで生きていくことにもなりかねません。であれば、関わる機会を閉ざすのではなく、親から謝罪をしてもらえたり、改善された親の姿を自分の目で見ることで、親との関係をアップデートしていけることは、子どもの利益になるとも考えられます。

次に、父母間の関係性が悪化していることが理由で共同養育をしないのは、本当に子どもの利益になるのでしょうか。もちろん直接関わることが困難な父母もいるでしょう。その際には、直接やりとりしたり顔を合わせなくても子どもが父母間を行き来できるように支援団体を利用するなどして、関わり続けられる環境をつくることが大事になります。

決して仲良く協力しなくてはいけないわけではなく、親子関係を途切らせないことに注力し、できることからやっていけばよいのです。

自分が相手に酷いことをされたとしても、子どもにとって相手は親であることは変わりません。むしろ会わないでいると、最初は同居親の感情と同様に相手を憎む気持ちが養われるかもしれませんが、成長とともに同居親の感情に同調し続けることなく、「なぜもうひとりの親に会えないのだろう」、「同居親の感情に振り回されたくない」、「もうひとりの親はすごくいい人なのではないか？」と逆に神聖化してせっかく育ててきた子どもが謀反を起こし、相手側と一緒に暮らしたい！と言い出すなんてことも少なくありません。

自分にとっては二度と関わりたくない相手でも、そこは感情と切り分けて子どもと別居親が関わる環境を整えること、そして相手の悪口を子どもに伝えないことが大事になっていきます。頭ではわかっても感情がついていかないこともありますが、感情を切り分けて行動する姿を子どもは必ず見てくれています。逆にいうと、感情と切り分けずにいる親のことも子どもは冷静に見ているということです。

5．共同親権になると共同養育できるようになるの？

共同親権と共同養育は混同されがちですが、共同親権はあくまで親権を父母が持つことであり、共同養育は離婚後も父母が養育に関わること。親権制度がどうであれ共同養育は親の心得次第で実践できるのです。

共同親権が導入されると、「離婚するとひとり親」という固定観念が払拭され、ふたり親という価値観が社会に浸透するため、共同養育しやすくなるのは大きなメリットといえます。

共同養育を実践するのに大事なのは親同士が争わないこと。親権を持っていてもいなくても子どもの父母であることは変わらないのですから、権利を振りかざして対立することだけは避けなくてはなりません。

共同親権は法律という仕組みであり、いわば「ハード」、共同養育は人の心「ハート」です。ハードは自分で変えることはできませんが、ハートは自分次第。共同親権になっても自分自身が相手との協力体制を築けないのであれば、円滑な共同養育を行うことはできません。法改正や相手の変容に期待する前に、自分自身が共同養育しやすい相手になることを心がけることがなにより大切です。

第3章
三方よし！ 離婚後、両親が子育てに関わると子どもも親もいいことだらけ

離婚したいほど憎い相手は、子どもにとっても悪い影響を与える人なのでは、と思うかもしれませんが、子どもにとって唯一無二の親であることは変わりません。そこで、離婚しても親子として関わり続けることのメリットをあげていきましょう（図2）。

1．子どもにとってのメリット

①両親から愛され続けていることを実感できる

離婚後も両親と会えていれば、愛され続けていることを実感できますし、自分のせいで離婚したのではない、捨てられたのではない、と思えます。また、「離れて暮らしているけれど自分には父親も母親もいる」という捉え方ができるので、友だちと親の話題になっても、両親の話を自然と話すことができます。親の離婚を知られたくないという子どもにとっては、わざわざ言わなくても済みますよね。

また、同居中に厳しかった親だったりあまりよい関係を築けていなかった場合には、会わせない方がよいのでは、と思われるかもしれませんが、むしろ離婚した後に会えていた方が、同居中の親子のわだかまりが解消

図２　共同養育のメリット

され関係が改善するかもしれません。または、その後もよい関係を築けなかったとしても、自分の親を自分の目で確かめて自分で判断することができれば、「自分の親はこういう人なんだ」と納得感も得られるのではないでしょうか。

「会いたい。会わなくてもいい。会いたくない」という意向を、子どもが親への忖度抜きに素直に発言できるためにも、両親が争わずにいつでも自由に会える環境を整えておくことが大事です。

②父親、母親それぞれから影響を受ける

片親だけで育てると、思考や価値観などの影響は当然のことながらひとり分。両親それぞれと関わることで良いことも悪いこともさまざまな考えに触れることができるメリットがあります。また、スポーツが得意、勉強が得意、コミュニケーション能力があるなど、両親それぞれが持ち合わせている強みを子どもに伝えることができるのも、両親が関わるからこそであり、子どもの視野が広がるメリットになります。

③よりどころが2拠点ある

たとえば、一緒に暮らしている親と喧嘩をした、自分の意見を聞き入れてくれないなど、居心地が悪くなってしまったという場合に、もうひとつの家があり、なにか困ったことがあれば駆け込むことができる居場所があるというのは、子どもにとっての逃げ場になります。

また、よりどころがふたつあることによって、ひとりで過ごす時間も少なく済み、留守番や孤食といった、孤独を感じる体験を少なくできるメリットもあります。

2．子どもと暮らす親（同居親）にとってのメリット

①育児を分担できる

ひとりで仕事をしながら家事育児を両立させていくことは大変なこと。ひとりで育てると、残業もできず慌てて帰ったり、急な子どもの病気があれば、大事な仕事の日でも休まなくてはいけなくなったり、子どもを病児保育に入れるといった選択を迫られますが、離婚しても親同士として育児をシェアすることができていれば、精神的・物理的な負担も軽減できます。

同居中に育児や家事の協力が得られなくて夫婦関係が悪化し、離婚に至るケースもあるかもしれません。その場合には、「あんな人と育児分担なんて絶対無理」と思うかもしれません。ただ、発想を少し変えてみて、離婚を機に育児に取り組んでもらえばよいのだと割り切るのもひとつの考え方です。そして分担することで相手に主体的に育児をしてもらい、それがどれほど大変なことであるのかを共有する機会にすることもできるかもしれません。

最初は相手の育児に対して不安があるとは思いますが、相手と子どもが一緒に過ごすなかで、相手なりの育

児の方法を見つけていってもらいましょう。不器用な姿に子どもも戸惑うかもしれませんが、それが子どもにとっての相手との関係であり、ひいては子どもが愛情を感じられる機会とも言えるでしょう。

育児を分担できれば、仕事に専念しキャリアアップだって望めますし、空いた時間でリフレッシュしたり趣味に没頭したりすることもできます。さらには、新しいパートナーとの時間に充てることもできるでしょう。

子どもが別居親のところに宿泊する形で育児分担すれば、旅行に行くことだってできるのです。

また、自分の体調が優れないとき、場合によっては入院などの際に頼れる相手がいれば、愛する子どもが身を寄せる場所がなく路頭に迷ってしまうなんていうことにならずに済みます。

さらには、子ども目線で言うならば、ワンオペで孤立している親を見て子どもは心配していることでしょう。両親が協力しあっている状態は、子どもにいらぬ心配をかけることなく安心を与えられるということも大きなメリットになります。

結婚生活中は、嫌いな相手と同居し、かつ、ひとりで育児も家事もしていたのであれば、離婚後に育児分担することで、当時と比べて自分自身にもメリットがたくさん出てきます。

②相続トラブルの回避や万が一に備えて

離婚しても子どもは相手の法定相続人です。万が一相手に不幸があった場合に、相続の関係で子どもに連絡が来るわけですね。その際、相手と完全に断絶していると、相手の親族との話し合いがもめる可能性もあります。また、子どもも親の都合で突然トラブルに巻き込まれるという迷惑を被ってしまうのです。

最低限でも相手の状況を把握しておくことで、正当に相続を受け取れる環境をつくっておくことは自分自身のため、そして子どものためにもなります。

また、逆に万が一自分に不幸があった場合に、子どもはどこに身を寄せればよいのでしょうか。愛する子どもを路頭に迷わせることのないよう、子どもが頼れる存在を確保しておくことは大切です。

それが親であるに越したことはないでしょう。なにかあっても子どもを面倒見てくれる人がいることで自分自身の気持ちの負担も軽減できますね。

③相手との関係悪化によるストレス軽減

子どものことの情報共有が風通しよくできていないと、相手から突然クレームの連絡が来たり、連絡が来るたびストレスになり、都度やりとりすることが心労になりがちです。せっかく離婚したのにいつまでも相手との関わりで、自分の気持ちがザワつくことは回避したいところ。

「ストレスだから関わらない」ではなく「ストレスなく関われるような関係性をつくる」ことを選択することが、子どものためでも自分のためでもあります。

親同士がいつまでも殺伐としていたら子どもは気を遣いますし、殺伐としている状況は、なによりも自分自身もしんどいですからね。

3．子どもと離れて暮らす親（別居親）にとってのメリット

①子どもへ愛情を伝え続けられる

子どもの成長に関わり、愛情を伝え続けられることはなによりもメリットです。離れて暮らしていても子どもに伝えたいこと、教えたいことは、父親も母親もたくさんあるはず。そして、成長を折に触れ知る機会が継続的にあれば、子どもの関心ごとや必要としていること、悩んでいること困っていることなどがわかり、サポ

ートしてあげられる場面も増えます。

子どもの力になりたいという親の思いを実現するには、関わりが多いに越したことはありません。

②生きる原動力になる

子どものためなら頑張れる。親ならばそう思える時もあるのではないでしょうか。仕事がつらかったり、疲れていたりしていても、守るべき存在である子どもがいることが原動力となり、生きる活力にもなるのではないでしょうか。離れている間、「どうしているかな」と心配に思うストレスは、元気な姿を見た途端に吹き飛ぶものです。

また、子どもの手本となるような背中を見せようと張り合いも出るでしょう。子どものことを守り支えているようでいながら、自分自身が子どもから必要とされることで、自分自身の存在意義を確信し生きがいになっていくものです。

③養育費を払うモチベーションになる

養育費の支払いは親の義務ではありますが、全く会えていない子どもに養育費を払う状況というのは、ただただ相手にお金を払っているという感覚になり、モチベーションを保つことが難しいのではないでしょうか。子どもの成長を自分の目で見ることができ子どもと関わっていれば、この子を育てるために必要な費用だと思えて、支払って当然という感覚を保ちやすいものです。

一方で、会えていなければ、毎月養育費を支払うたびに、「自分は所詮単なるATMだ」と理不尽な思いが湧き出るのも無理はありません。払う意義を実感するためにも子どもとの関わりを持つことは必要なことです。

共同養育は子どもが成人しても続きます。いつの日か子どもが結婚する時に、結婚式に両親を遠慮せずに呼べるような環境を整えてあげることを視野に入れられるとよいですね。

離婚しても両親が子どもに関わる共同養育が、子どもにとっても親にとってもメリットの多いことはおわかりいただけたでしょうか。

次の章では、離婚するほどの夫婦が親同士となって争わずに共同養育できるようになるために、どのような話し合いの方法があるかについて具体的にご説明します。

第4章

子どもも親も幸せな未来のために、争わずに離婚の話し合いをするコツ

1．争わない離婚は、話し合いのスタート地点から始まっている

離婚というとどのような話し合いをイメージしますか。裁判して相手を罵り合い、財産を奪い合って決裂するように泥沼化していくこともあれば、円満離婚という言葉があるように別れた後も友だちのような関係になれるような夫婦もあり、ご家庭によって千差万別です。

子どもがいない場合には、離婚した後完全に赤の他人になることができますが、子どもがいるかぎり、親同士の関係であり続けるため縁を切ることはできません。

であれば、どんなに憎い相手でも相手をやっつけて勝敗を決めるようなバトルに持ち込まないことが賢明です。そして、争いにさせないために大事なことはふたつ。「離婚したい意向を伝える時の切り出し方」そして、「その後の離婚の話し合いの仕方」です。

2. 相手が合意するもしないも伝え方次第！ 離婚を切り出す際の心得

みなさん、自分に都合の悪いことを切り出される場合、どのような口調でどのように切り出されたら聞く耳を持てますか。いきなり自分への不平不満を言われたら反論したくもなりますし、自分は悪くないと正当化したくなるのではないでしょうか。

では、離婚を切り出される立場だったらどうでしょう。「あなたのこういうところに我慢ができない。あなたのせいで離婚したいと思っている」と言われたら、ちょっと待て、と反論したくなりますよね。

さらには、「離婚に向けてどんな準備をしているんだ?」と途端に相手に対して疑心が募り、「離婚　条件」といったキーワードで検索して、最悪な事態に備え情報収集し始め、戦闘体制になるのではないでしょうか。

そうなってしまうと、どんな話し合いも相手の言うことに聞く耳を持てず、いかに自分は悪くない、自分にとって良い条件にするか、といった話し合いのバトルが繰り広げられることになってしまいます。

つまり、切り出された側の立場に立って話を持ちかけることこそがポイントになるのです。では具体的にどのような持ちかけ方がよいかをお伝えします。

①相手を否定しない

夫婦は0対100でどちらかだけが悪いということはありえません。また、相手も発言していないだけで、我慢や譲歩をしていることもゼロではないでしょう。

そこで、相手に離婚したい意向を伝える際には、相手を否定しない働きかけが必須です。

「自分も至らないことがあるけれど、(具体的な原因)が、今後夫婦としてやっていくには難しいと考えている」

「あなたも我慢していることがあるとは思う。お互い無理しない関係を築いていくのもひとつの選択肢だと思っている」

といった、相手への配慮を交えた切り出し方をすることで、まずは耳を傾けてもらうことが第一歩です。

②なにかを奪うつもりはない

離婚となると家族というカタチのみならず、いろんなものを奪われるのではないか、と不安になるのは自然なことです。離婚を切り出したら相手が錯乱するのではないか、予期せぬことをするのではないかと不安という声もあります。

では、不安にさせないためにはどうすればいいか、不安になりうる事項を先に解消することを伝えるのがポイントです。

「子どものことは引き続き親同士として育児に関われる環境をつくっていきたい」

「お金についてもどちらかだけ不利になるということではなくフェアに話し合いたい」

「夫婦間で勝敗を決めたり争ったりしたくないから、陥れたりするつもりは一切ない」

「ひとつずつ納得いくよう話し合っていきたい」

というように、手の内を曝け出し、争うつもりも奪うつもりもないということを早めに宣誓しておくのです。

そして、この約束を忠実に守ることです。

③自分の意志をきちんと伝える

離婚の話を突きつけられた側としては、なんとか説得すれば修復できるのではないか、と淡い期待を持つものです。もちろん、話し合いをしていくうちに理解が深まり、修復の余地もあるのであれば、それに越したことはありませんが、離婚の意志がかたい場合には、期待をして思い通りにならない時の落胆が悲しみになり、悲しみが怒りにならないためにも、きちんと伝えることが必要です。

④相手にとってのウィンを伝える

離婚＝自分にとってマイナスなことばかりでは、到底同意をするはずもありません。夫婦関係が不仲であることは相手もわかっているでしょうから、別れた後の未来をプラスにイメージできるような提案をしていくことが大切です。

たとえば、離婚した後も子どもとの関係は変わらず子育てに関わり続けてもらいたいということや、可能なのであれば近所に住んで子どもが行き来できるようにする選択肢があることなど、具体的にイメージしてもらい、その状態なら悪くないなと思ってもらえるように提案することが大事です。仕事でいうところのプレゼンのようなものですね。

⑤急かさない

離婚を切り出す側は情報収集し用意周到ですが、切り出された相手は寝耳に水であり、すぐに回答などできるはずもありません。自分が離婚に向けて考えた期間と同様、相手にも考える時間を与え急かさないことが大事です。

離婚の話し合いを始めているふたりは一触即発でガラスのように壊れやすい関係です。ちょっとした一言が火種になり感情のぶつかり合いなんてことにもなりかねません。そうならないために、離婚の話し合いにおけるイニシアチブを持っている切り出した側は、絶対に感情的にならず、急かしたりせず相手を配慮するくらいのスタンスでいることがポイントです。

⑥家庭内別居状態のときの切り出し方

普段、子どものことだけでも会話をするような関係ならば話を切り出すきっかけもありますが、完全に家庭内別居状態でやりとりもメモやＬＩＮＥのみといった関係の方から、「切り出すきっかけをつくれない」というご相談を多く受けます。ずっと会話をしていない相手に口火を切るのは勇気のいることですよね。

ただ、争わない離婚に向けて大事なのは話し合いのスタート地点。ここで相手と関わりたくない一心で安易に弁護士を頼り、弁護士から相手へ連絡をすると、こちらがファイティングポーズを取っていると疑心を持たれ、相手も慌てて弁護士をつけて、お互い勝つための戦略を練って相手を陥れるような調停へ一直線。二度とお互いで話し合うことなど難しくなっていきます。

ＬＩＮＥでもメモでも、「話したいことがあるので時間をつくってもらえる日時を教えてほしい」ということを伝え、話をするときは対面で話すようにしましょう。または、当人同士だと難しい場合には第三者を仲介に入れたりカップルカウンセリングを利用するなどして、まずは話し合う場を設けることに注力しましょう。

3．気をつけて！争いが長期化しがちな離婚パターン

離婚の切り出し方の心得がわかったところで、では、実際離婚に向けた話し合いは、具体的にどのように進

めていけばよいのでしょうか。

思い浮かぶのは、本人同士での話し合い。それが難しい場合には弁護士相談かもしれません。ここに実は長期化してしまう落とし穴があるのです。

後悔しているご相談者をたくさん見てきているなかで、事前に知っておいてもらいたいことがあります。そこで、話し合いが長期化し関係がさらに悪化してしまいがちな話し合い方をお伝えします。

①相手が悪い！責め合う当人同士で協議

建設的に離婚の話し合いができる夫婦であれば問題ないのですが、離婚するほどのふたりなのですから、コミュニケーションが円滑に取れる方が稀です。

夫婦間は冷え切っていてお互い離婚には同意しているものの、これまで家庭内別居状態で会話をほとんどしてこなかったふたりが、当人同士で離婚協議をしようとすると、ふとした拍子にこれまでの不満が爆発し、建設的に条件決めができないということもあるでしょう。

特に、自分の意向に沿わない条件提起をされると、「そもそも誰のせいで離婚になったんだ」「離婚するような理由はない」といった口論のみならず、「親権者に相応しくない」「親子交流させたくない」といった感情論にまで及んでしまい長期化してしまいがちです。

または、離婚したいという意志に温度差があると、話し合いに取り組むスピード感も変わってきて、いつまで経っても決めようとしないのらりくらりとした相手に苛立ちを感じ、関係が悪化してしまうというケースもあります。宙ぶらりんのまま同居は続き、一向に話し合いが進まず、イライラした生活を続けると子どもたちもその様子を敏感に察知し、親の顔色を伺う地獄の日々が続いてしまう顛末になってしまいます。

②ある日突然子どもを連れていなくなる

突然いなくなるというからには、それほどの理由があると思います。これまで、さんざん話し合いを持ちかけても相手にしてくれなかった、話そうとすると不機嫌になる、言い返されてなにも聞いてくれない、など。または、事前に別居したいと伝えたら、なにをされるかわからない、全力で阻止されるから話を持ちかけることもできない、という状況も多くお見受けします。

そんなとき、行政や弁護士に相談することもあるでしょう。すると、「相手に伝えずに子どもを連れて逃げなさい。居場所を隠すこともできます」と、強行別居を勧められるケースもあります。

もちろん身体的に危険があるのであれば逃げることが必要ですが、夫婦間での口論など精神的な諍《いさか》いが理由で強行別居を行うと、その後どうなると思いますか。

例えば、父親がある日家に帰ると、家の中がもぬけの殻になっていたという状況では、父親は不安を感じ、それはやがて憤りになり、戦闘モードへとなっていきます。そして、突然いなくなるという行動を起こした母親に対し不信が募り、子どもと会えなくするのではないか、と疑心にあふれ、離婚には当然のことながら断固反対。

離婚したくて家を出たはずなのに、離婚はできないどころか、相手はさらに攻撃的になり、裁判所での係争が長期化していくことが目に見えています。

よくわからないままアドバイスに従って家を出るという強硬手段を起こしたからといって、離婚できるというわけではない、むしろ離婚は遠のくということなのです。

それだけではありません。遠方の母子寮やシェルターに引っ越すことになれば、子どもの転校や自分自身の仕事も変えなくてはならない場合もあります。これまでの生活を捨てて身を隠すことで一時はよくても、その後夫から逃げ隠れし続けても、いずれは正対して話し合わなくてはならない場面が来ることが想定されます。

であれば、初期に第三者の誰かを仲介に入れてでも逃げずに向き合う姿勢で対峙し、相手にとって想定外の行動はよく考えてから選択することが望ましいです。

③裁判所で繰り広げられる不毛な条件闘争

本人同士で話し合うことができない場合、弁護士に相談すると裁判所での調停になることが通常です。直接やり取りしなくてストレスは軽減されますが、弁護士に依頼して安心、というのも束の間、調停は書面でのやり取りが多く頻度も早くて1カ月に1回。話し合いの進捗も遅ければ、書面のやり取りは齟齬が生まれやすく相手への疑心も高まります。

また、感情面の話し合いなどは行われず、金銭面のことなど数字の条件を決めるのがメイン。

「私はとてもつらかった。あの日あの時のことを謝ってほしい」というような感情面を調停内で取り上げてもらえることが叶わず、離婚もできず、弁護士費用はかさみ、気がついたら泥沼に陥っていたということも少なくありません。

誰しも最初から「争って離婚したい」なんて思っているわけではないのに、気がついたら争う土俵に乗せられてしまっていた、というのが裁判所の落とし穴なのです。

4．当事者以上裁判所未満の話し合い方「ADR」

当事者同士で話すことは難しい、かといって裁判所での話し合いは避けたい。といった場合に当事者以上裁判所未満の話し合いの方法があるんです。「ADR（Alternative Dispute Resolution：裁判外紛争解決手続）」

といって、専門家が夫婦の仲裁に入って話し合いを進めていく協議方法です。まだまだ知られていませんが、ＡＤＲを行うのは法務省の認証機関なので安心してサポートを受けることができます。

①ＡＤＲの特徴

ＡＤＲは機関によってそれぞれ特色があります。裁判所と同様のスキームで条件決めを優先する機関もあれば、カウンセリングを重視する機関もあります。

とかく、離婚は感情のもつれから起きるもの。そこで、私たちりむすびで行っているＡＤＲを例に出し紹介します。りむすびのＡＤＲでは、調停人として弁護士とカウンセラーの２名が仲裁に入り、夫婦の感情面でのわだかまりをカウンセリングによって緩和し、最低限の信頼関係を再構築したうえで、条件決めを行うことで、お互い納得のいく合意形成がはかれることを目指します。

（1） 協議内容――こんな話し合いがしたい

・離婚に向けて条件を決めたい
・別居する際の取り決めをしたい
・親子交流の条件を決めたい、変更したい
・共同養育に向けた計画書をつくりたい
・養育費を決めたい、変更したい　など

（2） メリット――裁判所での調停や裁判に比べて……

・土日や夜の時間も対応可能
・短期間で取り決めができる

・円満解決が目指せる
・両者が弁護士依頼するより低費用
・気持ちの整理をしながら条件を決められる

（3）メリット――子どものために……

・子どもを優先した話し合いができる
・裁判所の相場などにしばられない柔軟な取り決めができる
・親同士の関係再構築を目指せる

（4）話し合いサポートに適している方

・争わずに歩み寄りながら話し合いを進めたいと考えている方
・相手の意向に耳を傾けながら対等な関係を築こうとされている方
・自分の主張を通したり相手を説得するのではなく建設的に話し合いをする意志がある方

相手の言葉も聞きながら話し合いを進めていけるので余計な疑心が生まれず、お互いが譲歩しあい納得感のある合意が得られやすいのが特徴です。

②ＡＤＲの流れ

ＡＤＲの手続きは、以下のようなフローになります（図３、機関によって異なります）。

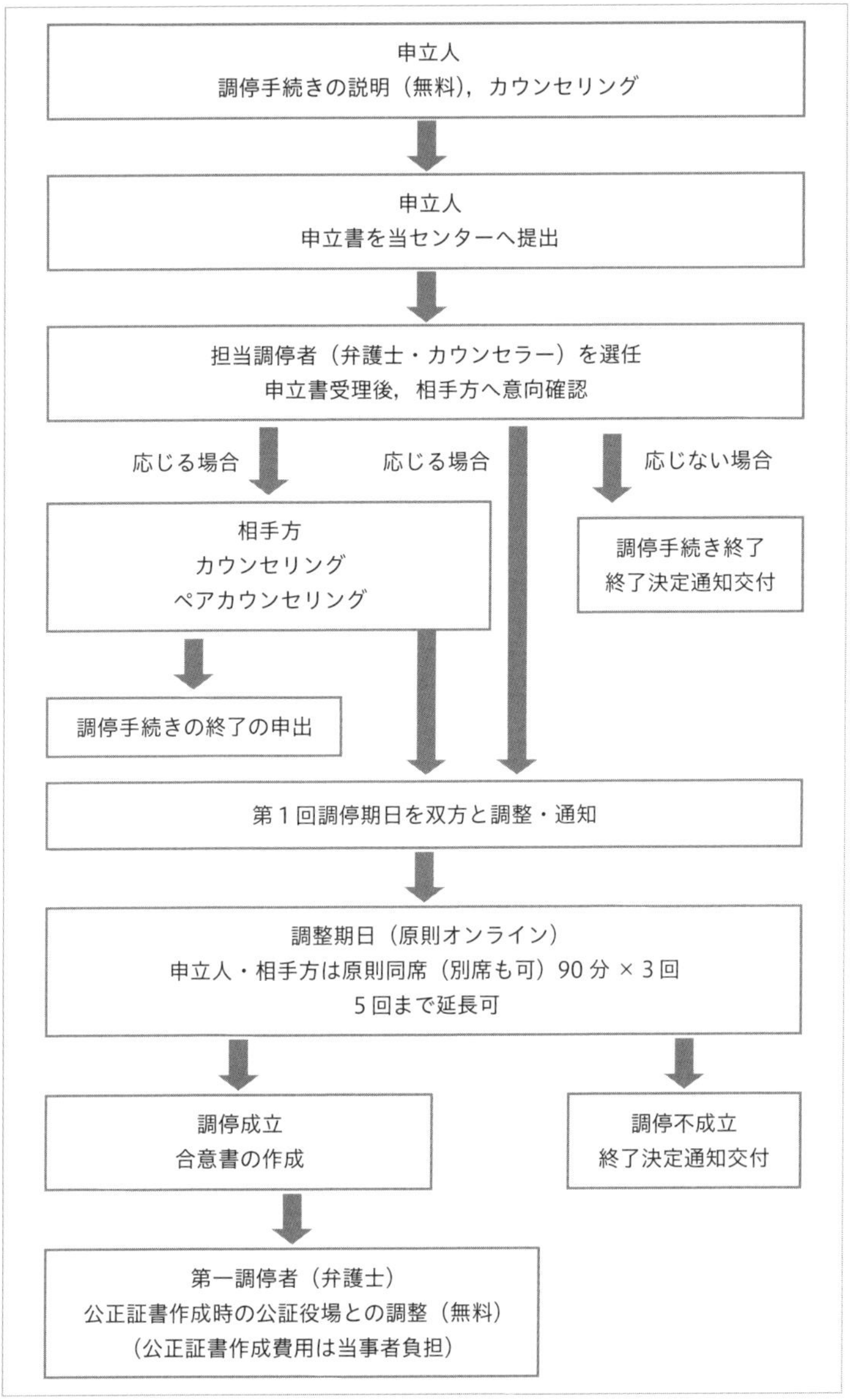

図３　りむすびＡＤＲのフロー

（1）協議をしたい人（申立人）が申立書をつくる。
（2）申立人が相手（相手方）へ「ADRをやりませんか」と提案する。
（3）申立人が直接相手方へ提案できない場合にはりむすびが相手方へ申立書を送って提案する。
（4）相手方がOKであれば話し合いスタート（NGの場合には終了）。
（5）原則3回話し合いを行う。
（6）協議がまとまれば調停人が合意書を作成。
（7）公証役場に申立人と相手方当人が合意書を持参して公正証書にする手続き。

＊2024年4月ADR法改正により、養育費や婚姻費用についてはADRの合意書に執行力をもたせることができます。

③ADRの強み

（1）相手への連絡をADR団体が行ってくれる

相手にどうしても自分から離婚を切り出すのが難しい場合、離婚したい思いや理由などを記した書面（申立書）をADR団体が相手に送ってくれるのは精神的負担を軽減できる大きなメリット。

相手からの返事もADRの団体に連絡が来るので、ADRをやるかやらないかのやりとりは直接せずに済みます。相手がADRに同意するかどうかは、申立書がいかに相手を責めず争わずに話し合いをしたいということが伝わる内容になっているかがポイントです。

（2）オンラインも可能

ADRは対面のみならずオンラインでもできるのが特徴です。りむすびでも両方行っていますが、案外オンラインの方がスムーズに話が進むケースもあるというのが所感です。

オンラインだと話に割り込みづらいがゆえに相手の発言を最後まで聞けるのと、同じ場に介することに拒絶感がある場合にはハードルを下げることができます。

また、顔を出したくない場合には音声だけでも話し合いができますし、オンラインの機能を活用して、安心できる距離感を保ちながらも、冷静に話ができるのがオンラインの醍醐味です。

対面は対面でのよさがあります。最初は警戒し合っていたふたりでも同じ場でついお互いで話すなんてこともあったり、過去を振り返って泣いたりするシーンを相手が見たり、感情により触れやすくなるのは対面のよさでもあります。なかにはあんなにもめていたのにADRの後一緒に帰っていったというケースもあったりするのも対面ならではではないでしょうか。

（3）感情を整理した後だと条件をスムーズに決められる

離婚は条件ありきで話し合いをするともめます。なぜなら条件には感情が乗っているからです。そして、相手の提案した条件は否定したいという心情が夫婦の中で生まれ、合意形成が困難になります。

であれば、条件を決める前に、夫婦におけるわだかまりを解消する話し合いの場を設けることが重要です。サクサクと条件だけ決めた方が早く終わると思いきや、感情の整理を先に行い話し合える土俵に乗った後に条件決めをした方が間違いなくスムーズになるのです。ここを一足飛びに条件決めに進むと「あの時のあのことが許せないから受け入れられない」と感情と条件が混同し決まるものも決まらなくなるのです。遠回りのようですが感情の整理を先に行うことがポイントです。

④ADRに向かないケース

夫婦のわだかまりを解消しながら建設的に話し合いが進みやすいという魅力的なADRではありますが、向いていないケースもあります。

・「離婚に向けた話し合いをする」といった協議したい内容自体に合意ができていない
・権利を勝ち取りたい、相手を自分の思い通りに説得したい
・話し合うつもりがそもそもない

こういったケースは、ADRでは太刀打ちできないため、弁護士に依頼し調停に進むなどするほかありません。あくまで、自分が歩み寄ってでも円満に合意を成立させたいと双方が思っている夫婦に向いている協議方法となります。

ADRという選択肢があることを知っていれば、裁判所で調停をするしかないと思わずに済みます。まずは当人同士で直接話し合えないかを考え、直接が難しければADRを提案、ADRもだめなら裁判所というように順を追って話し合いの方法を提案していけば、不要な争いは回避しやすくなるでしょう（図4）。

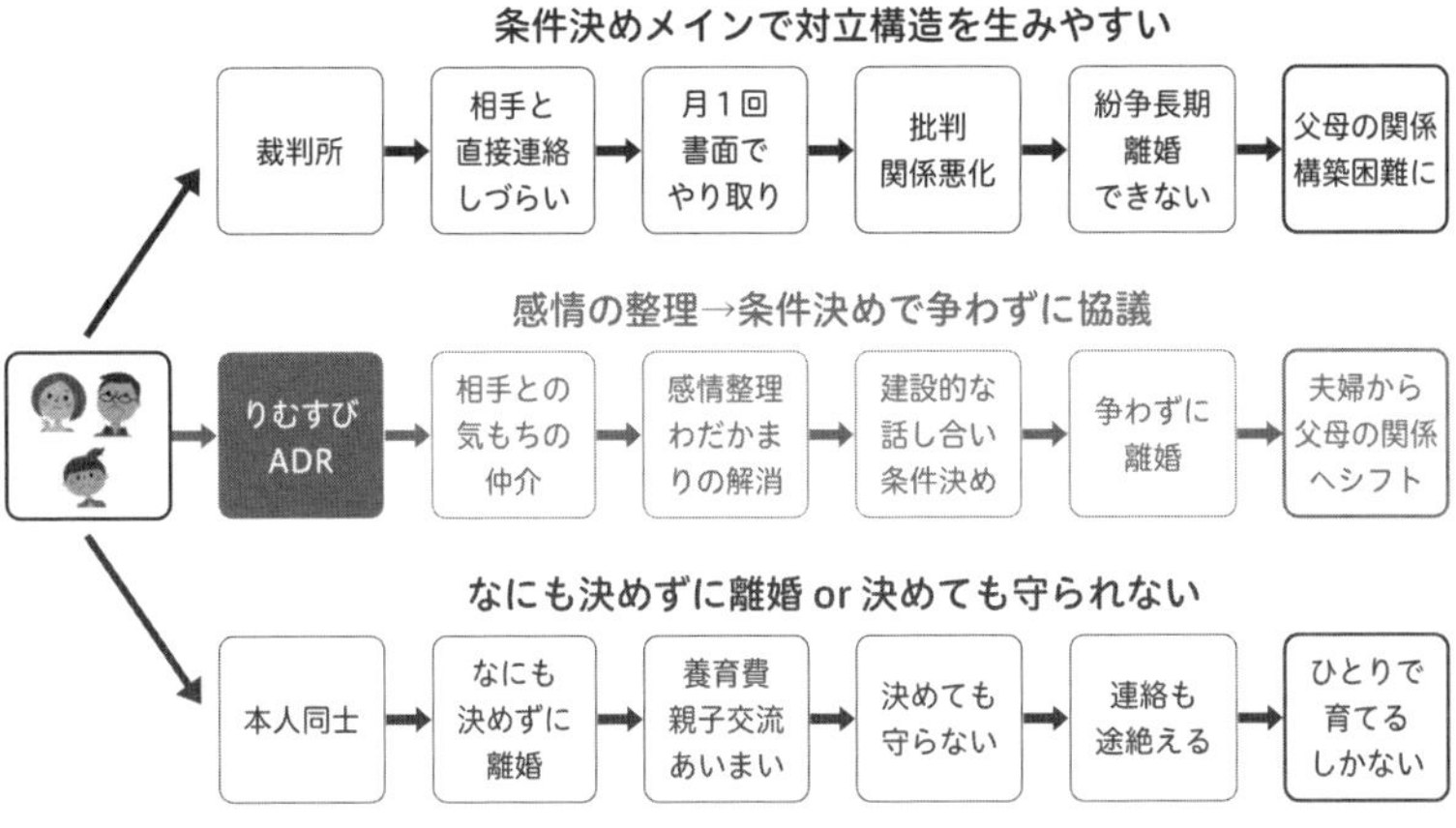

図4　裁判所や本人同士の話し合いとの違い

5．ADRのケース紹介

実際、ADRを利用して離婚に至ったケース、そして話し合いがこじれて合意に至らず調停に進んだケースをご紹介します。なお、個人が特定されないために、複数の類似したケースを織り交ぜて、よくあるケースとしてご紹介します。

①ADRを利用してうまく話し合いが進んだケース――「感情的な妻が気持ちを吐き出せる場づくりを」

【依頼者】

30代同居中夫婦（子ども：未就学児長女）

【経緯】

夫側が、「親権も譲るのでもめずに夫婦関係を解消したい」という意向でADRを希望する。本人から妻へ離婚の打診をするが妻は後ろ向き。

妻を刺激したくないし争いたくもないが、話し合いが進まないため弁護士に相談し離婚調停を視野に入れていたところ、ADRという方法を知る。夫が妻に直接ADRを提案したところ妻が同意し、ADRを実施した。

【協議の流れ】

ADR1回目は、妻が夫への不満を吐き出し、夫と調停人が受け止め傾聴に徹する時間を設ける。夫が妻の気持ちを理解しようと寄り添ったことで、妻が話し合いの土俵に乗れるようになった。

条件決めの途中では、妻の感情が高ぶることもあったが、終始夫と調停人は頭ごなしに否定することなく、傾聴する姿勢を続けることにより妻が冷静さを取り戻すことができた。

最初は復縁を願っていた妻だったが、離婚の意志が強いことを、夫の口から直接聞いたことで、これ以上は難しいことを理解し、離婚に向けた話し合いを行えるようになった。

離婚を切り出した側の夫は、すべて自分の思い通りにはできないであろうと共同養育を諦めていたが、子どものことを第一優先に考えていきたいという意向は両者ともに合致したため、共同養育に向けて条件決めを行うことができた。

【考察】

離婚したい側は一方的に話を進めたがり、離婚したくない側はそのペースについていけず頑なに拒絶すると、話し合いが困難になり、弁護士に依頼して裁判所での調停を選択せざるを得なくなりがちです。

ADRでは、両者の気持ちや離婚したい理由、したくない理由、不安なことなど感情を吐き出し相手が直接聞くことができるため、相手の感情を理解したうえで、離婚に向けた話し合いがしやすくなります。

また、裁判所での調停の場合は、条件決めがメインで感情面のケアが重視されないことや、調停委員を介したやりとりになり疑心が生まれやすくなるため、関係が悪化しがちです。

今回のケースも夫が妻への不満を伝えることを控えその気持ちを理解しようと努めたことにより、妻が話し合いに応じることができました。また、相手が離婚したい意志が頑なな場合、直接その気持ちを聞くことにより、夫婦関係の継続が困難であることをあらためて知る機会になるため、これ以上修復に期待をすることなく、子どものことを中心に離婚後について話し合うことに注力できたのは、ADRならではといえます。

②ADRを利用して話し合いが難航し破談になったケース――「あと少しのところで歩み寄りができず話

し合いが決裂」

【依頼者】

40代別居中夫婦（子ども：小学校低学年長男）

【経緯】

高圧的な夫に限界がきて、妻が夫に離婚したい意向を伝え子どもを連れて別居する。別居後も週3回程度父子交流あり。離婚に前向きではない夫だったが、別居半年が過ぎ子どもの養育についてきちんと話し合いができれば、離婚に応じるとの意向。当人同士で取り決めを行ったが、条件に折り合いがつかず衝突したためADRを実施した。

【協議の流れ】

交流頻度や場所、宿泊の日数など細かなことで意見が衝突し溝が深まり話し合いが難航した。金曜の夕方から日曜の夜までの宿泊交流を希望する夫に対し、まずは土曜の昼から日曜の夕方までで始めて、徐々に子どもが慣れてきたら拡充したいという妻。

細かい条件の相違があり、お互い主張を譲り合うことが困難になり、最終的に納得のいかない夫が「希望通りの共同養育ができないのであれば離婚は白紙だ」という主張に転換。3回のADRを経たが調停不成立に至り、妻は離婚調停を申し立てることになった。

【考察】

細かな相違を譲り合えないのは、最終的には、相手を信じられない、相手の意向を飲みたくないという相手への敵対心があるがゆえです。1時間でも長く子どもと過ごしたい、せめて2泊はして子どもを楽しませてあげたいという父親に対して、学校帰りに父親の家に行き日曜の夜帰ってくるのだと子どもが疲れて落ち着いて過ごせないのではないか、と心配する母親。

最初は子どものためにという一心だったはずが、あまりにお互い歩み寄りがないと、次第に相手の提案する条件を飲みたくないという心理状況に陥ってしまいます。そして、ちょっとでも譲ったら、相手がもっともっと要求してくるのではないか、という疑心からブロックをかけてしまうのです。

どんなに共同養育の内容を充実させても「相手を信じられるかどうか」が合意成立の鍵になるのですね。

合意形成があと少しというところでの大事な要素は、本人同士が最低限相手のことを信頼する勇気であり、また、支援者の立場としては、ふたりのわだかまりや信頼関係のダメージを見極めたうえで、信頼関係の回復を目指したサポートをすることが大事になっていきます。

参考資料

1）離婚に向けたオンライン話し合い（ＡＤＲ）再現映像動画

第5章 もめずに実践したい！ 共同養育の取り決め&相手との関わり方のコツ

それでは、いよいよ具体的な共同養育の方法を紹介していきます。まず共同養育のおさらいをしますと「共同養育＝離婚後、両親が子育てに関わること」という定義になります。つまりは各ご家庭によって関わり方は三者三様。

そこで、共同養育を実践するにあたり、取り決めしておくとよいことや、親同士のやりとりにおける心得をみていきたいと思います。

また、「再婚すると元のパートナーとの共同養育はしづらくなるのでは？」というご質問も多く寄せられます。そこで、再婚×共同養育の考え方についても整理していきますね。

1. あらかじめ決めておきたい5つの項目

離婚をする際に離婚後の共同養育についてあらかじめある程度決めておくと離婚後がスムーズです。細かく決めればやりとりは減りますがちょっとした変更がしづらい、ざっくり決めておくと臨機応変に変更できますがやりとりが頻繁になりうる、両者メリット・デメリットがありますので、親同士の関係性によってどの程度細かく決めていくかは変わってきますが、基本的に決めておいた方がよい項目を列挙しました。

①交流の頻度

毎週末、月に何回、曜日ごとなど交流の頻度や時間帯をある程度決めておいた方が共同養育のスタートが切りやすくなります。居住地の距離やお子さんの年齢によっても変わってきますが、お子さんの負担のないことに重きをおいて決めるのがよいでしょう。

そして、お子さんの成長に合わせて臨機応変に変更できるようにしておくことも大切です。たとえば毎週土曜日は交流する日と決まっていても、学校行事や習い事などが重なることも出てくるでしょう。そのような時には頑なに条件を守ることありきではなく、代替案を両親で考えながら子どもが心地のよい交流の仕方を考えていくことが大事です。

②連絡手段

つい見落とされがちなのですが、離婚後の連絡手段や連絡方法について決めておくのもポイントです。離婚後突然直接やりとりをすることになるとお互い身構えて連絡がきても返事をしない、返事をしないから催促する、催促されると攻撃された気になって余計に関わりたくなくなるというループに陥ってしまうことも。そうならないためにも、連絡手段をきちんと決めてストレスを軽減させながらやりとりができる方法を決めておけるとよいですね。

（1）ショートメール

直接ＬＩＮＥでやりとりできるような関係ならば問題ありませんが、ＬＩＮＥがつながるのは抵抗がある、かといってメールだと長文になりやすくて読むのがストレスといった場合には、ショートメールを使うのがおすすめです。すでに知っている電話番号の情報だけでやりとりができること、機種によっては文字制限もあるので長文のやりとりにならずに済むことなどがメリットとしてあげられます。なにより「LINEがつながっている」ということによる心的ストレスを感じる場合にはおすすめです。

（2）LINE見守りサポート

直接LINEでやりとりはできるけれど、すぐにもめてしまったり文面が攻撃的になってしまったりしてスムーズにいかないという場合には、元夫婦に第三者を加えたLINEグループをつくり、第三者が見守るという方法も有効です。これは、りむすびのご相談者のニーズからできた「LINE見守りサポート」というサポートなのですが、第三者が見ているという抑止力によって、反射的にLINEを送ることなく文面の表現を考えてから送る訓練ができるため、もめにくくストレスの軽減が図れます。離婚直後など弁護士がいなくなってから、いきなり本人同士でのやりとりに不安がある際にもおすすめです[1]。

（3）日程調整アプリ

相手からのメッセージを直接受信すること自体に拒絶感がある場合には、既存のスケジュールアプリなどを利用する方法もありますし、最近では親子交流（面会交流）専用のアプリなどもありますので活用してみるとよいでしょう。

③引き渡し方法

子どもがひとりで行動できる年齢であれば直接別居親の家に行ったり待ち合わせ場所に行くこともできますが、親の同伴が必要な場合には、子どもの引き渡し場所や引き渡し方法も決めておくとよいでしょう。

元夫婦が直接顔を合わせることが困難な場合には親族が連れてきてもよいですし、親子交流（面会交流）支援団体を利用するのもひとつの方法です。

＊親子交流支援団体とは[2]

父母が顔を合わせたりやりとりをすることが困難な際に仲介支援を行う団体です。団体によって特色はそれぞれですが主に3種類のサポートがメインとなります。いずれも、頻度や時間の拡充など交渉ごとはできず、あくまで決まった内容の範疇での調整となります。

・連絡仲介型：決まった頻度での交流について、父母間の日程や待ち合わせ場所などの連絡調整を行います。

・引き渡し型：父母が顔を合わせることが困難な場合に、同居親から子どもをお預かりし別居親のところへお連れします。交流中は付き添いなし。帰りは別居親から子どもをお預かりして同居親のところへお連れします。

・付き添い型：子どもの引き渡しだけではなく、交流中も見守りやサポートが必要な場合に付き添います。子どもに慣れていない別居親の場合には、子どもの面倒を見るお手伝いやアドバイスをしたりしますが、おおむね交流中の様子を見ていてほしいという同居親の不安から利用するケースが多いです。

大事なのは子どもの前で相手への嫌悪感を見せないこと。子どもにとっては大事な父親と母親です。両親が仲が悪い様子を目の当たりにした後に別居親と交流してたとえ楽しい時間を過ごしたとしても、同居親の前で何も話せなくなってしまいます。子どもが空気を読むようなことのないように、引き渡しの際には努めて明るく送り出してあげることが大事です。

④長期休暇

春夏冬休み、ゴールデンウィーク、年末年始など長期休暇の宿泊についても、ある程度決めておくと予定を組む際にもめにくくなります。特に年末年始の大晦日やお正月、誕生日やクリスマスといった日にちが限られた家族行事は、同居親側で過ごすことが当然と思われがちですが、日常は同居親と過ごしているので、特別な日は別居親に潔く譲るというのもひとつの選択肢として持っていてもよいですね。子どもにとっても毎回同じ親族と過ごすよりも、たとえば1年ごとに交代するなどして、それぞれの実家で年越しするのも新鮮かもしれません。

親族から理解のない声が聞かれることもあるかと思いますが「子どもがよければすべてよし」と考え堂々として、大人の都合だけではなく子どもがさまざまな経験を得て楽しく過ごせるためのベストな方法を見つけていけるとよいですね。

⑤学校や園行事

授業参観や運動会、文化祭など子どもの成長を知る大切な機会です。ぜひ両親が見に行けるように取り決めをしておきましょう。とかく別居親は情報が入りにくいものです。同居親は学校や園の年間スケジュールを別居親へ共有し､両者顔を合わせたくない場合には時間を分けて参加することなども決めておけるとよいですね。また、保護者会なども同居親に完全に一任するのか交代制にするのかなど、ある程度方向性を決めておけるとスムーズです。

以上、決めておくとよい項目を列挙しましたが、さて、それぞれをどこまで細かく取り決めをするか、については、細かく決めることとざっくり決めることにはそれぞれメリット・デメリットがあります。

・細かく決めると……

交流は毎月第何週目の何曜日の何時から何時まで。夏休みは何月に何泊何日。引き渡しの場所はここ、着替えの服はどちらが用意する、食事とお風呂は済ませてから引き渡す、など事細かに決めておくと、都度やりとりする必要がなくなるので、相手との関わりを最低限に抑えることができるのは大きなメリットです。

ただ、細かく決めすぎるがゆえに、たとえば子どもの習い事を始めたり、急な体調不良になった場合にも、子どもが移動して交流を続けるのか、といった変更事項が生じると、柔軟に変更しづらいというデメリットもあります。また、旅行でもう一泊すればさらに楽しめるアクティビティがあったとしても、宿泊日数が決まっているともめる可能性も。

また、親の仕事の都合で「今週面倒見てもらいたい」というような時の融通も効きづらく、親にとっても不便が生じることもありえます。

とはいえ、葛藤が高く、交流に後ろ向きなケースな場合はやりとりを軽減させるために細かく決めておけるとよいですね。

・ざっくり決めると……

「原則、毎月何回程度」に留め、時間帯も決めないくらいな緩やかな取り決めをすると、子どもや親の都合によって都度決められるため自由度が高まります。行き先によっては日帰り時もあれば泊まりもある、または子どもが忙しければ夕飯だけ一緒に食べるということも可能になります。

ただし、都度都度調整になるため、子どもが小さい場合には、親同士のやりとりが毎回必要となります。お互いが、相手の提案を「いいよ」と言い合える関係性の場合には、ざっくりくらいの方が臨機応変に対応できて便利です。

ここで悩ましいのが、「細かく決めた方がいい高葛藤な親同士の場合は、同居親が細かく取り決めしたがらない」「ざっくりでいい親同士の場合には、ざっくりですら取り決めがいらない」という点。

いずれにしても、子どもの体調や成長などから何年も先の取り決めをしたとしても、条件どおりに行かなくなるものです。意識づけとしてきちんと取り決めを行うことは必要ですが、柔軟に変更できる親同士の関係性づくりをすることが、子どものためでもありますし、ご自身のストレス軽減にもなります。つまりは争わずに離婚するということに尽きるのです。

次の表は、りむすびが提供している共同養育計画書のフォーマットです（表1）。離婚の際にお互いの共同養育のイメージに温度差が出ないよう、この表の項目を参考にしながら具体的に話し合い取り決められるとよいですね。

共同親権導入により、もっと細かな項目を取り決めする可能性もありますが、子どもの成長に合わせて臨機応変に変更できることが大事。くりかえしになりますが、親同士が柔軟に対応しあえる関係性をつくっておくことの方が、共同養育計画を細かくつくることよりも大事だということを覚えておいてください。

＊親子交流（面会交流）と共同養育

子どもが離れて暮らしている親と交流することを親子交流といいます。以前は面接交渉と言われていましたが、のちに面会交流になり、最近では親子が会うことに面会という言葉がふさわしくないことから「**親子交流**」という呼び方に変わりつつあります。

親子交流は、離婚の際に交流の頻度や時間などを取り決めて実施することが多く、子どもの日常に関わるというよりは「会う」というケースが多く見受けられます。一方で、共同養育は離婚後も父母が養育に

表１　共同養育計画書（例）

お父さんの名前：		お母さんの名前：	
お子さんの名前：＊＊（　歳）			
項目		取り決め内容	備考
交流	交流頻度	毎週金～日	
	時間・時間帯	金曜 18:00 ～日曜 19:00	
	引き渡し場所	＊＊駅改札	
	交流場所	自宅など	
	長期休暇	夏休み：４泊５日 冬休み：３泊４日 年末年始：都度調整 春休み：２泊３日 GW：２泊３日	
	園・学校行事	両親ともに参加	同居親は事前に年間行事を伝える
	親族との交流	あり	
	親子交流支援有無	なし	
	プレゼント	両親で重ならないよう事前に共有する	
連絡	連絡手段	LINE	
	次回交流日の決定〆切	前月 25 日まで。変更は都度連絡する	
	キャンセル時の代替日	当月。難しい場合は翌月に繰越	
	子どもとの連絡	小学校入学時、キッズケータイを持たせる	
	進路の決定	進学時に同居親から別居親へ事前共有	
	引越し	進学時に同居親から別居親へ事前共有	
	子の成長時の再協議	小学校入学時	
費用	養育費	月＊＊円	
	特別費用	入学時、急な入院時	
	親子交流支援費用	なし	
その他	再協議の方法	ペアカウンセリングまたは ADR を利用	

一般社団法人りむすび

関わることであるため、親子交流は共同養育の部分的な要素という位置付けになるイメージです。

なお、本書では調停名以外は「親子交流」に統一します。

2．円滑な共同養育をするための心得

円滑な共同養育をするにあたって、それぞれが主張や自分の都合をぶつけあってはうまくいくはずがありません。そこで争わずスムーズに共同養育をしていくための、相手との関わりにおける心得を主に３つお伝えします。

①相手の育児に口出しをしない

相手がこれまで全然育児をしてこなかったり、育児の方針の価値観が違うなど、離婚の原因になっていることが子どもの教育が一因であったような夫婦も多いかと思います。となると、離婚後の共同養育についても相手の育児の仕方に意見をしたくなりがちです。

食事の際に甘い飲み物を飲ませる、間食でスナック菓子を食べさせる、ゲームに時間制限を設けない、お風呂に浸からずシャワーだけ、部屋が汚いなど、生活面での温度差もあれば、中学で私立の受験をさせたい、海外留学させたい、幼少期から英語をさせたいなど、教育面においても、両親それぞれで意向が違うということも大いにありえます。

また、なかには相手が子どもをどこに連れて行くか、どんな遊びをするかなど、事前に情報共有を求めることや、さらには、同居親が行き先を指示するケースなどもありますが、相手と子どもの時間は相手が決めればよいことです。もし、遊びに行く先が重ならないようにしたい場合には、自分が「いついつどこへ連れて行く予定です」と自発的に伝えておく程度にとどめるとよいですね。

ここで大事なのは、「相手のやり方に口出ししない」ということ。子どもの心身に危険を及ぼすような目に余る言動は慎むよう伝える必要はありますが、細かいことまで目くじらを立てて、禁止事項を並べ立てて指示をしたりするのではなく、相手と過ごす時間のすべてがお子さんにとっての経験だと考えるようにしましょう。相手だって愛する子どもをわざわざ危険にさらしたいわけではないはずです。

父親母親それぞれの育児の仕方が全く違うと、子どもにとっては生活環境がガラっと変わるかもしれませんが、それはそれで貴重な異文化体験の機会と割り切る勇気を持つことがポイントです。

教育面においては、それぞれが違う価値観を子どもに伝えていくと、子どもはどちらの言うことを聞けばいいのかと混乱するかもしれませんが、まずは子どもの気持ちを第一に優先させること。そして、相手の意見を否定するのではなく、さまざまな選択肢があることを子どもに伝えていき、子どもが親の顔色を見て言いたいことが言えないという環境をつくらなければ、子どもはいくつもの選択肢から自分で決めていくという経験をすることができるのではないでしょうか。

②育児を押し付けない

離婚当初は「自分の方が子どもと一緒にいたい。相手の育て方に物申したい」といった気持ちになっていたとしても、共同養育が進み育児分担がスムーズになっていくと、だんだん自由な時間に味をしめてきて、急な仕事や飲み会があったりすると、相手に育児を頼みたくなるといった衝動に駆られるフェーズになっていくのが、「共同養育あるある」です。

ここで大事なのは、急な変更をしないこと。相手も予定がありますし、都合のいいベビーシッターなわけではありません。急な体調不良などやむを得ない時にお願いするためにも、通常は取り決め通りに分担し、信頼関係を構築することが大事になっていきます。逆の立場でされたら嫌なことはやめましょう。

さらに気をつけたいのが、お互いが育児のなすり合いをすること。子どもは敏感に察知します。どちらも子どもの面倒を見たがらないという両親の空中戦を、子どもが感じないようにくれぐれも留意することが大切です。

親同士とはいえ元夫婦。つい甘えといいますか、「これをやっておいてほしい」と期待してしまうことも。期待通りになっていないと腹が立つなんてことにならないためにも、相手に期待しない、お願いしたいことがあるならば口頭で伝えることも鉄則です。「やってもらって当たり前」だったとしても、相手への感謝や尊重する気持ちを持って関わっていくことを忘れないようにしたいですね。

③やりとりはポジティブに短文で

共同養育をするとなると、どんなにシステマティックにしたとしても、ちょっとしたことでのやりとりが発生することはしばしばあります。

たとえば、子どもが風邪っぽい時には、「食後に薬を飲ませてください」だったり、万が一子どもを引き渡す待ち合わせの時間に間に合わないといった時には、遅れることを連絡したりなどです。

また、学校行事の連絡などで、「年間予定表を送ります。何月何日の授業参観は私は何限に行こうと思います」といったスケジュールを伝えるようなこともあるでしょう。

このようなやりとりの際のポイントは「3行ルール」です。

1行目：連絡への感謝「ありがとう（ございます）」
2行目：要件（または返事）

3行目：よろしくお願いします。

たとえば、「了解」だけで済むような時も、「ありがとう。了解です」と書くだけでやりとりが一気に和らぎます。短ければいいというものではなく、事務的すぎないように気をつけましょう。

そして、やりとりは要件のみに留め、言い訳や相手への指示、自分の感情を書かないのも大事なコツです。もしも、別居親と過ごした後に子どもが体調を悪くして帰ってきたとしたら、「帰ってきたら体調不良なのですが、一体どこへ連れて行ってなにをしていたんですか？上着はちゃんと着せたのでしょうか？」というような責めるような口調で連絡するのは厳禁です。

「子どもの体調が悪そうなのですが、交流中に気になることはありましたか？」くらいで様子を見るところから始めましょう。相手だって好きで子どもの体調を悪化させようなんて思っているはずはありません。

やりとりのポイントは、相手を苦手な異性のクライアントと思うこと。丁重にやりとりをすることは、相手のためではなく自分自身の保身にもなります。相手を責めることで相手から言い訳や逆ギレした連絡が来てストレスになることへのリスクヘッジなのです。

お互い、相手への感情はさておき、連絡をくれたことへの感謝「ありがとう」から始めるように心がけましょう。

慣れてきて気を抜いた頃に、つい主張が過ぎて一気に関係が悪化することもあります。クライアントにはしないであろう言動はしないように留意しましょう。

3．これをやると失敗する　やってはいけない親同士の関わり方

共同養育がスムーズに行われるためには、親同士の関係が悪化しないことがすべてといっても過言ではありません。そこでやってはいけない相手との関わり方についてポイントをお伝えしていきます。

①慣れてきた頃が要注意！元夫婦がゆえの甘えは禁物

共同養育も順調、相手とのやりとりもストレスもなくやれているという状況になると、つい元夫婦の馴れ合いが出てしまい、相手へ無理な要求をしたり自分の思い通りにしたいような連絡をしてしまいがちです。

たとえば、「明日の日程変更して」「ついでに買っておいて」というような、夫婦だったら気軽に頼んでいたことを依頼したり、「こうやっておいてくれたらいいのに」とお願いもしていないのに勝手に期待して、してくれないと不満を伝えたりすることは厳禁です。

夫婦関係は解消していることをわきまえ、依頼する時には丁重に、そしてきちんと言葉で伝えるようにしましょう。

②理不尽だと思っている熱量は相手も同じ

調停を経て離婚に至るなど、相手への怒りや不信がある状態で共同養育を始める場合には、やりとりの言葉一つひとつにお互い過敏になりやすいものです。

連絡を送る側は反射的に送るのではなく、読み返して相手が誤解して受け取らないように伝えること、そして受け取る側は、文面に書いていない行間まで勝手に推察してネガティブに受け取らないこと。

こんなガラスを扱うようなやりとりをしていると、「自分ばかり気を遣ってストレスだし理不尽だ」と思うこともあるでしょう。ただ、相手も同じくらいあなたとのやりとりをストレスに感じ理不尽だと思っているものです。

自分だけが被害者という発想をいかに手放せるかがポイントとなっていきます。

③急かさない責めない批判しない

相手とやりとりをするなかで、返事がなかなか来なかったり、思ったような返事が来ない時、ついモヤモヤして相手を責めたくなる時ってありませんか。そんなとき、感情のままに相手を批難したら、地雷となり必要以上のストレスが自分に返ってきます。

自分が連絡すべきことややれることをやったならば、返事をしてこないのもすべて相手の問題です。そっとしておく、放っておく時間を恐れないことです。

自分の時間の流れと相手の時間の流れが同じとも限りません。自分自身が「待っている」という感覚に陥らないように、忙しくしたり趣味を見つけたり体を動かしたりすることを生活スタイルに意識的に取り入れていけるとよいですね。

4．再婚したら共同養育ってどうなるの？

ところで、再婚を視野に入れている方もいるかと思います。再婚すると「新しい親ができる」という印象があるため、「再婚したら共同養育ってやりづらくない？」というご相談を受ける機会が多いです。

再婚して新しい親ができるということについて、子どもはどんな受け止め方をするのでしょう。再婚後の共同養育は果たしてやめた方がいいのでしょうか。
再婚と共同養育の考え方、そして、パートナー選びのコツについてお伝えしていきましょう。

①親は入れ替え制ではない

再婚すると元の親の存在はいなくなり、新しい親に入れ替わると思われがちですが、これって子どもにとってはどのように映るのでしょうか。

ある日突然、「今日からこの人がパパよ」と言われた場合、乳幼児で実父の記憶がなければ、パパと思って懐くかもしれませんが、実父の記憶がある場合には拒絶感がありますよね。自分が子どもの立場だったら……と考えれば答えはシンプル。

乳幼児だったとしても、成長し自分の戸籍を見た時に、実は実の父親がいたということがわかったら、親に対して「なんで教えてくれなかったの?」「本当のお父さんに会ってみたい」という心境になるかもしれません。そして、「会ってみたいけど母親にも今の父親にも悪くて言えない」と遠慮する気持ちも芽生えるかもしれませんね。

そのようなことが起こらないためにも覚えておきたいのが、「実の親は変わらず親であり、あらたなパートナーは親になる必要はない」ということ。

もちろん、あらたな家族を築き、子どもが親のように思って懐くのであれば喜ばしいことですが、「親は入れ替え制や引き継ぎ制ではなく増えていく」というイメージでいられるとよいですね。

子どもにとって、新しい親ができたから本当の親と会えなくなるということはどんなにつらいことか。自分の親を取られた気にもなりますし、よりどころだった離れて暮らす親とも会えなくなり、孤独な思いになってしまうかもしれません。

時折、「子どもが混乱するから会わせない方がよいのでは?」というご相談を受けますが、子どもにはきちんと説明すればよいだけのことです。急に実親と会えなくなったり、記憶がないからと実親の存在を隠し続ける方が子どもは混乱します。

結論として、再婚しても、変わらず実の親と関わり続けることが大事なことで、そして良好な関係を続けることは可能なのです。

②ここだけはおさえたいパートナー選びのポイント

再婚しても実親との関わりは継続させた方がよいということがわかったところで、どのようなパートナーを選ぶと再婚後も共同養育が実践できるのでしょうか。逆にいうと、こういうタイプは気をつけた方がいいということをあげていきますね。

(1) 実親との関わりに否定的

自分が新しい親になりたい、前の家族で仲良くすることに嫉妬するといった感情によって、実親子の関わりを阻止しようとする人は要注意。ただし、再婚したら新しい親になることが当たり前という固定観念がゆえに、そのような感情になっているだけかもしれません。

まずは、きちんと説明してみましょう。理解してくれればOKですが、説明しても実親と会わせないようにコントロールしようとしてくる場合には、あなたや子どもより自分自身が大事な人ですから、子どもを会わせたりせずにお付き合い程度に留めておいた方が安全かもしれません。

（2）子どもの躾をしたがる

我が子になるのだからきちんと育てたいという思いから悪気なく躾をきちんとしたがる人もいます。気持ちはありがたいですが、子どもにしてみたら、赤の他人からとやかく言われることにうんざりし、パートナーへ反抗心を剥き出しにするなんてこともあります。

せっかく幸せになりたくて再婚したのに、子どもとパートナーの関係が悪くなると、夫婦間もギクシャクしてしまいがち。子どもの肩を持てばパートナーがひがみ、パートナーの肩を持てば子どもが悲しがる。こんな三角関係で、挙げ句の果てにパートナーの言いなりになり、一番大事にしたいはずの子どもの気持ちをないがしろにしてしまっては本末転倒です。

自分自身のストレスを溜めないためにも、パートナーには肩の力を抜いて、親らしくするのではなく、まずはずっと年上の同居人くらいのスタンスで関わり続けてもらえるように話してみましょう。

（3）都度調整や話し合いができない

ステップファミリーは、家族みんなで仲良くすることにこだわりすぎると、ちょっとしたことで歯車が合わなくなったとたんに、「こんなはずじゃなかった」と困惑してしまいます。

もともと、仲良くなれることが奇跡であり、みんな揃って仲良くするのではなく、夫婦、親子、パートナーと子ども、それぞれが一対一で関係を築いていくことを心がけられるとよいですね。

そのためにも、都度都度軌道修正しながらあたらしい家族の形を作っていく必要があるため、摩擦が起きた時に、相談したり意見の相違を埋めていくために、感情的にならず建設的に話し合いができるかどうかが肝になっていきます。

自分の正しさや価値観を貫き通したりせず、その場での最善はなにか、を一緒に考え紡いでいける人であれば、どんなアクシデントがあっても乗り越えていけるのではないでしょうか。

③子どもにどう伝える？

再婚する際には、子どもが不安になったり混乱しないために、子どもがわかる言葉できちんと説明することが大事です。

伝え方の例として、たとえばこのように伝えてみてはいかがでしょうか。

「お母さんとあなたを大事にしてくれる人と再婚しようと思うの。あなたのことを愛してくれる人が増えるのよ。名前で呼んでもいいし、お父さんと呼びたかったら呼べばいい。ただ、これまでどおりパパとも会い続けられるから安心してね。パパもこのことは知ってるからなにも気にすることはないの。なにかわからないことがあったらなんでも言ってね」

といった感じで、タブーにせずに子どもが理解できるように説明し、質問しやすい環境をつくることで、子どもの混乱を防ぐことができます。

無論、再婚すること自体に子どもが懸念を示すようであれば、成長を待つのもひとつ。反対を押し切ってまで同居すると、子どもとパートナーの関係が悪くなるのが目に見えていて、あなたとパートナーとの関係、そして親子関係までこじれてしまう可能性がありますので慎重に。

子どもが再婚に反対していることをパートナーに伝えた際に、「だったら待てない」というのであれば、ご縁がなかった相手かもしれません。今後も子どもを優先した時にもめる可能性がありますので、それが早めにわかってよかったといえるでしょう。

④パートナーへの配慮

再婚生活と共同養育の両立を円滑に行うためには、パートナーの理解が必須です。再婚したのに前の家族や親子が仲良くしていることで、疎外感を感じることも少なくありません。その感情自体は自然なことですから、否定することなく受け止めることが必要です。

実親と子どもが交流している間にパートナーとのふたりきりの時間を楽しんだり、不安を聞いてあげたり、パートナーの心の穴を埋めながらも、子どもを囲む大人たちみんなが子どもを愛し続けられる環境をつくっていきたいことを伝え続けていきましょう。

そして、子どもが懐かないのは当たり前、くらいなつもりで、親にならなくてはいけないと肩に力が入っているパートナーの気持ちをそっとほぐしてあげられるとよいですね。

⑤実親への配慮

同居親が再婚すると同時に、別居親は「養子縁組してしまうのでは?」「子どもと会えなくなるのでは?」「代わりに父親ができてしまって自分のことは忘れられてしまうのでは?」と不安が尽きなくなるものです。

また、同居親から事前に報告なく子どもから間接的に聞くと、疑心が深まり、子どもに「どんな相手だ?」「いやがらせはしてこないか?」などと詮索するようになり、子どもも交流の時間が楽しめなくなってしまいます。

再婚が決まったのであれば、可能なかぎり事前に別居親にその旨を伝えましょう。そして、「実親はたったひとりであり変わらないし、今後も交流を続けてほしい」という意志表示を事前に伝えるようにしましょう。逆の立場だったら、そうしてほしいですよね。

もしかしたら、再婚して交流の頻度が下がってしまったり、スケジュールの変更を依頼することもあるかもしれません。その都度その都度、「もう会えなくなるのではないか?」と不安にさせることのないように、事前に今後の方向性をオープンにし、誠実に伝えれば、臨機応変な対応にも協力してくれやすくなりますよ。

⑥離れて暮らす子どもがいるパートナーと再婚を考えている方へ

ここまでは、子どもが一緒に暮らす再婚についてをお伝えしてきましたが、離れて暮らす子どもがいるパートナーと結婚を視野に入れている場合について触れたいと思います。

パートナーが実子と会うことをどのように思いますか。会わずに自分の子どもだけを愛してほしいですか。それとも、実子とも会い続けてほしいですか。

子どもの存在には敵わないからと嫉妬心を持ってしまったり、別れたはずの元夫/妻とやりとりをするパートナーにモヤモヤすることもあるかもしれません。

実際どうでしょう。離婚して新しいパートナーができたら子どものことはどうでもよくなる人だとしたら、その人は責任感がある人でしょうか。離婚しても養育費を払いきちんと子どもと関わり続け、親としての責任を果たそうとする人の方が誠実ですよね。

そんなことはわかっているけれどモヤモヤする。そんな時は、パートナーの実子の気持ちになってみましょう。別居していた親が再婚すると、親を他の人に奪われた気持ちになり、悲しく寂しい思いをする子どももいることでしょう。パートナーも子どもの気持ちを思うと胸を痛めているはずです。それでも、あなたとの再婚を選択したのであれば、あなたのこともとても大事に思っている証拠。

愛するパートナーのためにも気持ちよく送り出してあげる気持ちがあれば、パートナーは自分が大事にしたいことを大事にしてくれるあなたに対して、さらに感謝し愛情深くなることでしょう。

一方で、別居親の立場の方は相手に対して、「子どもを優先して当たり前」というスタンスで伝えるのではなく、「子どもも大事だし、あなたも大事。全く別次元である」ことを伝え、原則先に決めた約束を優先し、どうしても子どもの予定を優先させなくてはいけない時には、きちんと謝ってリスケする日もその場で提案するようにしましょう。そうすれば、相手も快く送り出してくれるでしょうし、ご自身の第二の人生も明るい未来が待ってますよ。

参考資料

1）りむすびLINE見守りサポート

2）法務省ウェブサイトに掲載されている全国の主な親子交流支援団体

第6章 フェーズ別具体的な共同養育のケース紹介

1．共同養育のフェーズ＝頻度×親の関わり

それではいよいよ、共同養育が実際にどのように行われているのか、様々な状況を例にして紹介していきましょう。

共同養育の言葉の定義は、「離婚後、両親が子育てに関わること」。子育てに関わる方法は各家庭や親子関係によって千差万別です。生活スタイルや住んでいる場所、子どもの年齢などさまざまな条件によって交流頻度も変わってきます。

また、共同養育のケースは頻度だけでフェーズを分けられるものではありません。実はキーとなるのは親同士の関わりなのです。

この「頻度」と「親の関わり」というふたつの軸が掛け合わさり、共同養育のケースが分類されていきますので、まずはこのそれぞれの軸の説明をしていきます。

頻度が少ないから、親同士の関わりが少ないからといって共同養育ができないということではなく、以下を参考にしていただきながら、これならできそうかな、とイメージしてもらいご自身ができることから始めるき

っかけになればと思います。

①頻度別

（1）休日スポット

月に1、2回程度、週末など休日にスポット的に別居親が養育するケース。自宅でゆっくり過ごすというよりは、イベント的に遊園地や動物園などに出かけるパターンです。

同居親と別居親の住まいが公共交通機関での移動を要する距離で、子どもだけでは移動が難しく、同居親が往復同伴で付き添うことも多いです。

（2）週末と平日スポット

毎週末の宿泊に加えて、平日はスポットで保育園の送迎や夕食を一緒に過ごすといったケース。子どもにとって平日の拠点は同居親との生活です。近隣に住んでいたり、別居親が仕事の融通が効き、平日の育児サポートに入れるパターンです。

（3）毎週交替

月曜から日曜までなどの1週間交替など半々で育児分担するケース。学区が同じである近隣に居住し、子どもの学校用具などの移動も不便なく行える距離感のパターン。子どもにとってはどちらがメインということではなく2箇所が住まいの拠点となります。

②親同士の関係性別

（1）連絡NG

離婚に向けての話し合いで関係がさらに悪化、離婚後は、直接会うことのみならず、やりとりすることも難しいような完全に没交渉の状態です。

なかには、相手から暴力を受けたり、精神的に追い詰められたりして相手と関わることが困難ということもあります。相手側の更生が必須となりますが、子どもに危害がない場合で支援が入ればやりとりができるケースです。

（2）連絡OK

相手とメールやLINEなどで直接やりとりをすることはできるけれど、対面で会うことは避けたいというケース。会いたくないという心情もあるが、会わなくてもやりとりができていれば会う必要がないといったことから、やりとりのみの関係性になっている状態です。

心の底では相手のことを憎んでいたとしても、割り切って子どものためだけに事務的にやりとりだけする元夫婦もいます。

（3）一緒に行動OK

夫婦としては縁はなかったけれど、親同士として子どもも含め家族としての関係性は維持できている状況。子どもの学校行事に一緒に参加したり、子どもの誕生日などイベントごとを一緒に祝ったりする。時に食事や旅行も一緒に行くことも。お互いパートナーができてもそれはそれ、これはこれと両者割り切り、親同士として円滑にコミュニケーションが取れている。

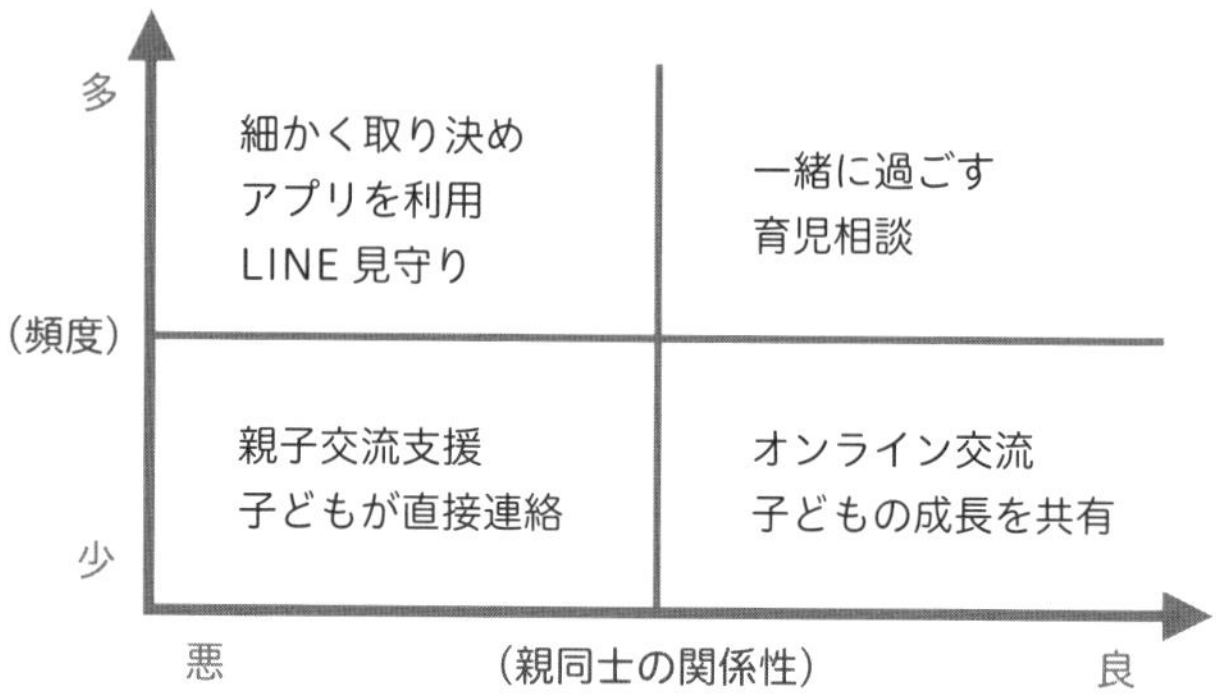

図5　頻度×親の関わり

頻度別×親同士の関わり別の軸を掛け合わせると以下のようなマトリックス図になります（図5）。では、マスごとに具体的にどのようなケースでどのように共同養育を行っていくとよいかを、ひとつずつみていきましょう。

＊頻度が少ない×親同士の関係性が悪い（左下）

「子どもを会わせたくない」という同居親対「子どもに会いたい」という別居親のケース。調停や裁判で「月1回2時間」など低い頻度での交流が決まり直接のやりとりはNG。このようなケースは、子どもが小さい場合には、相手と関わるストレスや不安を軽減しながら親子交流を実施することを考えます。親子交流支援団体のサポートを利用することもひとつの方法です。

裁判所で調停をすると、裁判所や弁護士から親子交流支援団体の利用について提案があり、その時初めてこのようなサポートがあることを知る人も多いと思います。本来は実の親子が交流する際に第三者が交わらずに済むに越したことはありませんが、不安材料をひとつでも軽減させることで親子交流がより早く実現するのであればサポートを使うのもよいでしょう。

特に、親子交流には同意するけれど相手と関わりたくないがゆえに、直接のやりとりにストレスを抱え、交流の実施に至らないというケースがあります。このようなことにならないために、連絡の仲介だけでも支援を利用することで交流を実施できるご家庭も多いと感じます。費用はかかりますが、第三者の手を借りることも視野に入れておけるとよいですね[1]。

または、子どもがスマホを持てるような年齢であれば、それぞれの親と直接やりとりをして交流をしていくのもよいでしょう。ただし子ども自身が自分のスケジュールを完全に把握できているかというと、難しい場合もありますので、日程調整は第三者の手を借りて当日のやりとりは子どもが行うという方法など、柔軟に活用できるとよいですね。

＊頻度が多い × 親同士の関係性が悪い（左上）

調停などの取り決めでは、毎週末だったり平日＋週末など比較的頻繁な交流が決まったものの、親同士の関係は良くないためやりとりはできるだけ避けたい、やりとりをするとすぐにもめてしまうといった場合には、できるだけ細かく取り決めをしておくのがポイントです。

細かく決めると、融通が効かなくなるデメリットもありますが、通常運転の際には、その都度の調整や、やりとりをせずに済むメリットもあります。

具体的には毎週何曜日の何時にどこで待ち合わせといった時間と場所まで指定しておけば、不要なやりとりは回避できます。特に待ち合わせ場所は毎回変えると土地勘がなく間に合わないなどアクシデントが起きやすいので、待ち合わせ場所は固定にしておくと安心ですね。

とはいえ、日程調整が予定通りにいかない場合もあるでしょう。直接やりとりをすることに拒絶感がある場合には、親子交流専用のアプリや、スケジュール調整アプリや写真共有アプリなどを利用してお互いがアプリにアップロードするという方法をとるのもよいですね。

事務的な連絡は、デジタル化することで割り切るのもひとつの手ですが、行間が読み取りにくいデメリットもあります。緊急の際にアプリを見ていなかったといった落とし穴がないように、最終手段として直接やりとりができるように最低限でも電話番号やメールアドレスなどの連絡先を把握しておくようにはしておけるとベターです。

いきなり一足飛びで直接本人同士でのやりとりに抵抗がある場合には、LINE見守りサポートを活用するなどして徐々に直接のやりとりができるようにステップを踏んでいきましょう。

＊頻度が少ない × 親同士の関係性がよい（右下）

父母の関係は悪くないものの、遠方に住んでいるなどの関係で頻繁に交流ができないケースは、直接会えなくてもいくらでも交流したり子どもの成長を共有し、愛情を伝えたりする機会はあります。

コロナをきっかけに仕事でもオンラインでのミーティングが増えましたが、親子交流においても、会っていない時にはLINEなどでやりとりしたりビデオ通話するもよし。子どもがスマホなどの機器を操作できない年齢であれば、同居親が別居親と写真や動画を共有したり、話す機会をつくることで解決できます。

直接会うまでに数カ月とブランクが空くよりも、オンラインであっても子どもの成長の様子がわかっている方が、直接会った時の会話もはずみますし、様子をわかりあえていて安心できるでしょう。

また、頻度が少なくても会える時には宿泊にするなどして、ぎゅっと凝縮した交流をすれば、子どもにとっても充実した時間を過ごせます。もちろん、しょっちゅう会えるに越したことはありませんが、頻度が少ないからといって親子の絆が築けないと悲観する必要はなく、子どもが成長すれば、子ども自身の交友関係などで忙しくなり、近くに住んでいても頻度が少なくなることもよくあることです。

そんなときに、離れていてもいつでも連絡が取れる安心感があれば、少し連絡が取れなくても不安になることもなく、適度な距離を保って親子の信頼感を育むことができますね。

そして、子どもが成長してからも、親がドーンと構えて、困ったときにはいつでも連絡できる、いつでも助けてくれる存在になることができれば、成人後の親子関係も確立でき子どもも安心して成長、自立することができます。

＊頻度が多い × 親同士の関係性がよい（右上）

まさに理想系と言えるような共同養育。いつでも自由に会えるし親同士の関係も良好で風通しよくコミュニケーションができているケースです。

子どもにとっては親は離婚したもののいつでも会えるのがあたりまえなので、片方の親がいない、会う機会が少ないというういわゆるひとり親家庭の子という感覚はなく、両親それぞれのパーソナリティも理解しているので、たとえば友だちに両親それぞれのことを自然に話すことができます。

親同士も子どものことを中心にやりとりをしますが、さらに次のフェーズにいくと、あらたなパートナーとのつきあいの相談をしあったり、さらにはあらたなパートナーも顔合わせしているといったことも。子どもを愛する大人がたくさんいるに越したことはありません。

そして、子どもが「パパの彼女のことは内緒にしなくちゃ」といった気遣いをしないで済むのも子どもにとっては気が楽ですね。

周りからは「そんなに仲良いなら復縁したら？」なんて言われることもありますが、復縁しないからこそそうまくバランスがとれている関係なんですよね。男女や夫婦ではなく、子育てをするチームのパートナーといったイメージでしょうか。同じ屋根の下に住まないからこそ、相手へ期待しなかったり感謝が生まれ、円滑な共同養育ができるわけですね。

2. いろんなカタチの共同養育　フェーズ別30ケースを一挙紹介

それでは、具体的な共同養育のケースについてご紹介します。ここでも、「交流頻度」と「親同士の関係性」の2つの軸でフェーズをわけていきます。それぞれを星の数で評価し、交流頻度が少ないケースから多いケースを順番に30ケース紹介します。

どのケースならやれそうか、どのケースを目指したいかなど、具体的にイメージしながら読み進めてみてくださいね。なお、ご紹介するケースは、類似したものを織り混ぜ、個人が特定されないようデフォルメしています。

★の数の説明（おおまかなイメージです）

・親同士の関係性

☆☆☆☆☆：拒絶感、怒り、恐怖があり葛藤が高く一切関わっていない

★☆☆☆☆：やむを得ず関わるが関係がすぐ悪化しかねない。または関わり方がもはやわからない

★★☆☆☆：関わることはできるが常にストレスがある

★★★☆☆：必要以上に関わるつもりはないが子どもの親同士として協力はできる

★★★★☆：憎しみや嫌悪など一切なくお互い親同士としてリスペクトしているし相談もできる

★★★★★：友だちのように子どものこと以外も話せるし一緒にいて楽しく過ごせる

・共同養育（交流）の頻度

★☆☆☆☆：月1回程度、またはそれ以下

★★☆☆☆：月2回程度

★★★☆☆：毎週1回

★★★★☆：毎週平日および週末

★★★★★：完全に半々

30ケースの分布図

ひととおり全部読んでいただき、さまざまな視点を持った上でご自身ができそうなケースを見つけてもらいたいですが、たくさんありすぎて読むのが大変！という方向けに分布図をつくりました（図6）。ご自身に該当しそうなケース番号から読み進めてみてくださいね。

月1回以下のケース

①「子どもは実は会いたがっていた！離婚後5年を経てゲームでつながった父子関係」

交流の頻度　　　：★☆☆☆☆

親同士の関係性　：★☆☆☆☆

【親の構成】同居親／母親、別居親／父親

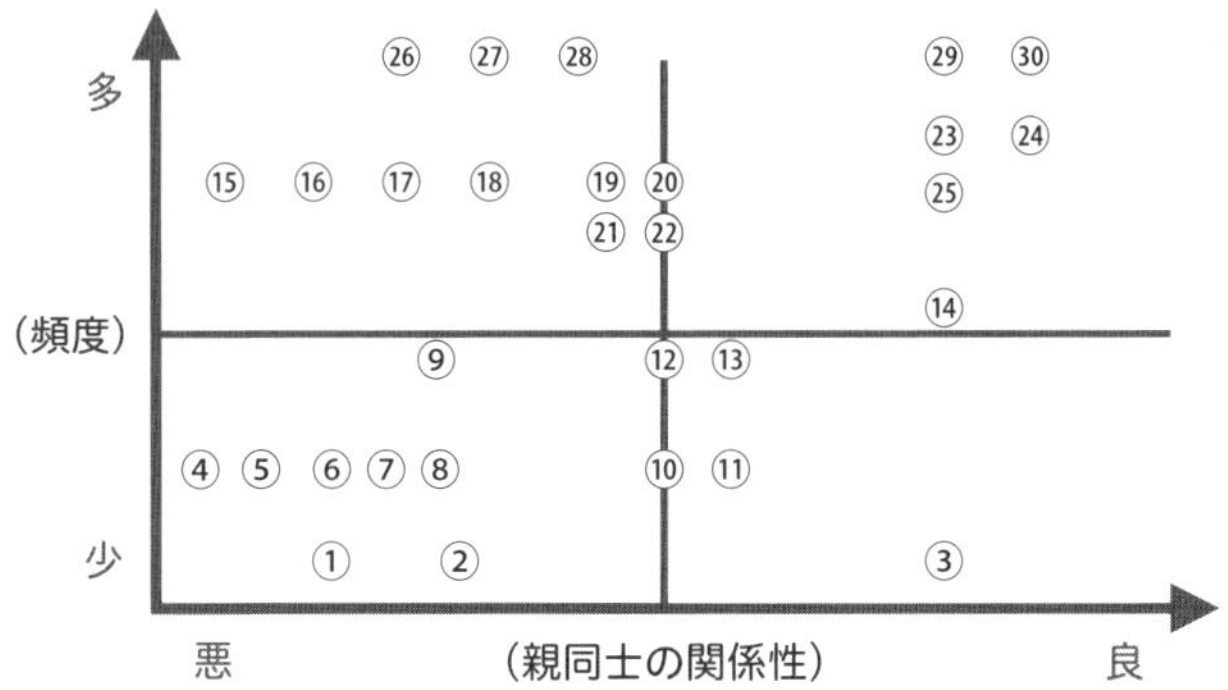

図6　30ケースの分布図

【子どもの年齢・性別】小学校高学年長男、小学校中学年次男
【別居・離婚歴】離婚5年
【交流頻度】直接会うのは年に数回。その他ゲームを通してオンライン交流
【連絡方法】父母間でメール、父子間でゲームとLINE
【実践方法】
ゲームでつながるほか、たまにLINEでやりとり。直接会うのは年に数回程度。遠方に住んでいるので父親が子どもの居住地の近くまで来るか、母親が子どもたちを父親の住まいの付近まで送り届ける。日程や場所の調整のやりとりは父母で行う。
【経緯】
離婚後、父親が子どもに会いたいと言ってこなかったので、母親からも特に連絡をとらず父子関係は自然消滅。子どもも会いたいと言わず、母親にとっては関わりたくはなかったので連絡が来ないことを良しとし落ち着いた生活を送っていたが、共同養育という考え方を知る機会があり、このままでいいのか、とザワつきを覚える。
ある日、子どもたちに「父親に会いたい？」と聞くと、ふたりとも揃ってふたつ返事で「会いたい」と言い出す。
5年間連絡を取らずにいた父親へ連絡を取ることは勇気のいることで

あり、断られたら子どもたちが傷つくのではないか、という思いや、一方で、会うことになったらやりとりが始まるという不安もありながら、勇気を持って連絡してみたところ、父親側から「ぜひ会いたい」とすぐ返事が来た。

早速、日程調整を行い、父親が母子の暮らす地域の近くまで来ることで5年ぶりの交流を実施。最初は父子ともによそよそしかったが、すぐに慣れてオンラインゲームを楽しんで解散した。

以来、日頃はゲームでつながりがあること、なにかあればLINEで直接連絡を取れる手段が確立した。その後は数カ月程度ごとに直接会うようになっている。

＊実践のポイントや考察

💡本当に会わせなくていいのか？ 立ち止まり子どもの声に耳を傾ける

母親が〝共同養育〟という考え方を知った際に、ご自身のザワつきをスルーせずに子どもに気持ちを確認した勇気により交流が実現しました。

これまでずっと交流がないと、「今まで会ってなかったのだから、このままにしておけばいい」「私がひとりで育てて来たのだから、今更父親ヅラされても困る」といった感情が起こりがち。そんななか、子どもが「会いたい」といったその一言を実現させるべく、5年も連絡を取っていなかった父親に連絡するのは相当勇気がいることだったと思います。

一方で、父親がこれまで会いたいと言ってこなかったのは、子どもたちに拒まれる怖さがあったのかもしれません。子どもと父親を仲介するキーパーソンとなる母親が橋渡しをすることで再会できたことは、5年の歳月は過ぎてしまったものの、気づいた時に行動したという意味で決して手遅れではなかったのではないでしょうか。

これから子どもたちがさらに成長すれば、直接やりとりしたり子どもたちだけで父親に会いに行くこともできるようになります。小学生のうちに父子の関わりの土俵をつくれたことは、なによりも子どもたちのためになりますね。

これまでずっと交流してきておらず「今更」と思っている方がいたら、一度子どもと正対して、「本当は会いたいと思ってる？　パパに連絡してみようか？」と聞いてみる勇気をもてたら大きな一歩です。

②「遠方に住む父親。頻度は少ないけれど父子の時間を濃密に過ごしてほしい」

交流の頻度　：★☆☆☆☆
親同士の関係性　：★★☆☆☆

【親の構成】同居親／母親、別居親／父親
【子どもの年齢・性別】未就学長女
【別居・離婚歴】離婚2年
【交流頻度】3カ月に1回程度宿泊
【連絡方法】父母間でメール
【実践方法】
父親が飛行機で移動する距離の遠方に住んでいる。3カ月に1回、母親が子どもを父親のもとへ連れていく。受け渡しは直接行い、交流中は母は別行動で待機。子どもは父親宅に泊まり、母親は近隣のホテルに宿泊する。

行き先などは自由で事後的に子どもから報告を受ける。母子の交通費は折半。

【経緯】

調停離婚で3カ月に1回の親子交流の取り決め。母子が自宅を出て遠方に引っ越したため、交流の際には、子どもが父親の住む元の自宅で過ごす。

母子の引越し先に父親が来ることも検討されたが、父子ともに慣れた場所の方が行動がしやすいことから、母親が子どもを連れていくことになった。

母親としては、子どもが父親と会うことを楽しみにしているので会い続けてほしい思いもあるが、日々の育児家事仕事で忙しくしているため、たまに会って楽しいことだけして過ごす父親にどこかいいとこ取りでずるいと思うこともある。

学校行事や子どもの教育については母親に一任されているので、事前に相談や報告はしない。

＊実践のポイントや考察

父母の役割が明確でお互い口出ししない、求めない

頻度が少ない分やりとりが少なく、日頃の監護については母親に一任されているので、父母でもめることがないケース。たまに会えると楽しい思いをさせてくれて愛情をいっぱい注いでくれる父親に対し、子どもはますます父親を好きになる。かつ、楽しんでいることを母親が嫌がったりせず聞く姿勢を持っていることで、子どもは親の顔色を見ずに自由に発言できる環境が整っています。

いわゆる育児分担という共同養育ではありませんが、父親母親の役割が明確で、その役割について互いに口出ししないことでバランスが取れています。

父親はもっと会いたいと思い、母親はもっと育児分担してほしいという思いがあるかもしれませんが、遠方に住むなかでお互いができることをやり、相手に求めないことで成り立っています。

今後、子どもが成長しひとりで父親のもとに行けるようになれば、母親の送迎の手間がなくなり、母親が自由な時間も増えていくので、このままの関係性を保っていくことが望まれますね。

③「子育ては全面的に母親に一任！困った時や経済面で父親は後方支援」

交流の頻度　：★☆☆☆☆
親同士の関係性　：★★★★☆

【親の構成】同居親／母親、別居親／父親
【子どもの年齢・性別】高校生長男
【別居・離婚歴】離婚7年
【交流頻度】月2～4回程度↓自由な交流↓月1回または2カ月に1回↓数カ月に1回
【連絡方法】父子間でLINE、父母間でLINE
【実践方法】

離婚当初は父母で日程などのやりとりをし、父親が母子宅に子どもを迎えに来ていたが、子どもがスマホを持つようになると父子で直接待ち合わせの約束をして、母は父または子から報告を受ける方法が定着した。

土日には父親宅へ宿泊をしていたが、子どもが成長とともに友だちとの約束を優先したくなると、土曜の夜泊まりに行き日曜の朝には帰ってくるというのがルーティンに。月1回の時もあれば1カ月以上あくようなこともある。

親同士は学校行事など節目節目でやりとりをするが、日々のことは父は完全に母を信頼し任せているのであれこれ聞いてこないし報告もしていない。たまに学校行事を伝え忘れても文句も言われない。

現在、父親はパートナーと暮らしており、子どもとも面識がある。父親は父親で自分の生活を楽しみ、子どもとは誕生日や正月など節目で会う程度。LINEでのやりとりは頻繁にしていて友だち感覚。

【経緯】

夫婦の不仲から1年の別居を経て調停離婚。当時小学生だった子どもとの親子交流の取り決めは月1～4回というざっくりしたものだった。夫が家を出た形での離婚だったので、土日になると父親がやってきて子どもと遊びに行くという交流スタイルになった。離婚当初はやりとりに後ろ向きだった母親は、父親から連絡が来ても事務要件以外は無視していた。

離婚して1年ほど経つと気持ちも落ち着きもっと父親に子どもを見てもらいたい、その間に自分の時間が欲しいと思うようになり、宿泊や旅行を依頼するようになる。

夫としてはNGでも、父親としてひとりの社会人としては尊敬する点も多く、進路など大きな岐路に立つときには母親にとって父親は相談できる存在になっている。

父親は母親の育児に対して絶大な信頼を持っていて安心しているため、口出しをせず一任し、自分は子どもがやりたいことをやれるように常に経済的なサポート、いざというときに頼れるように心身ともに健康でかっこいい父親でありたいと思っている。子どもがいい感じに育ったのは母親のおかげだと感謝し、母親もまた、父親の経済的サポートのおかげで不自由なく暮らせて来れたことを感謝している。

＊実践のポイントや考察

💡父親の圧倒的な軽快さポジティブさが空気を変える

父親がしょっちゅう連絡したりせずドーンと構え、困った時にはいつでも支援するという立ち位置を取り続けていることで、母親が父親を頼りにできる存在と思えているのがポイントです。

母親から頼まれごとがあると「了解！」と返事をし、子育ての相談があれば「育ててくれてありがとう。自分だったらこうする」と母親の育て方を否定せず、かつ的確なアドバイスをする。その後どうなったか後追いしたりせず報告が来るまで見守るといったスタンスでいることによって、母親は「この人に相談したら面倒くさくなる」と思わないで済み、より相談しやすくなります。

また、どんなに円滑なやりとりができる関係だとしても、子どものこと以外の会話はしない。仕事やプライベートのことは踏み込まないし関心を持たないことでよい距離感を取れますね。

子どもが父母それぞれの得意分野や強みをわかっていると、相談事や頼み事をどちらにするのがベターか子どもが決められるので、離婚後も子どもに自分の強みを伝えていくことが大事です。また、父母それぞれが相手のことを子どもに「パパってこういうところあるよね笑」といった感じで子どもと父親の性格を分析したり共有しあうことで話が盛り上がると、一緒に暮らしていなくても父母子の家族の形は変わらないことをイメージしやすくなります。

離婚しても父親も母親も変わらず存在するし関わっているからこそ、学校でわざわざ親が離婚していることを言わなくても済むというか、言う必要がなくなるというのも子どもにとってメリットとなりますね。

月１回程度のケース

④「相手と関わりたくないから親子交流支援を利用して淡々と実施」

交流の頻度　：★★☆☆☆
親同士の関係性　：☆☆☆☆☆

【親の構成】同居親／母親、別居親／父親
【子どもの年齢・性別】小学校低学年長男
【別居・離婚歴】離婚３年
【交流頻度】月１回日帰り朝から夕方まで
【連絡方法】親子交流支援団体
【実践方法】
月１回の交流は、毎月第何週何曜日何時から何時まで待ち合わせ場所もすべて固定。親子交流支援団体の引き渡し型を利用して交流を行う。行き先は父親の自由。行き先や交流時の様子などについては、事前も事後も母親への報告は不要としている。
【経緯】
離婚調停で月１回の親子交流の取り決めあり。父母ともに相手と顔を合わせたくないし関わりたくない、連絡をとりたくないという思いで一致している。母親は父親と会わせたくないという感情はなく、とにかく相手と関わりさえしなければなんでもよいというスタンス。そのため、日程調整や当日の子どもの受け渡しは親子交流支援団体を利用する。その費用は折半。

相手への怒りなどの感情もお互いなく、むしろ関心がないので余計な情報は不要。とにかく淡々と実施できればよいというスタンス。高価なプレゼントをもらって帰ってくることもあるが、文句を言えばやりとりが始まってしまうので、目をつぶりスルーしている。父親側も子どもの教育に口を出したい思いもあるが、やりとりが始まるとストレスになるので母親に一任することにしている。

いずれ子どもが成長して父親と直接待ち合わせをして連絡も取り合えるようになれば、支援団体からは卒業するつもりでいる。

＊実践のポイントや考察

💡父母ともに関わりたくないがゆえに関わらないことに協力的
お互いに関わりたくないという両者同意の完全没交渉。それによりお互い相手への文句やクレームも出ず淡々とやってこれているケースです。

子どもが家に帰って父親の話をしづらいといった気を遣わなくてはいけない場面もありますが、母親が干渉してこない分、父親と自由に過ごせるのは子どもにとってもメリットとなります。

子どもの成長を待てば支援も不要となり父子で直接やりとりをして自由に会える状況になれる一方で、日程調整も伝言もすべて子どもに任せるといった一足飛びにというよりは段階を踏んで少しずつ慣らしていく方がよいですね。

子どもの成長とともに、進学など本来父母で最低限でも話し合いができる関係になれているとよいこともあります。やりとりすることが難しい状況であれば、連絡仲介の支援を利用するとやりとりが進みやすくなります。「関わりたくないから一切提案もしないし意向を伝えないし連絡もしない」というスタンスから、「支援を利用して連絡を取り合えばいいんだ」というスタンスに変わっていけると、今後子どものことでやりとりしなくてはいけない場面があった時に、気持ちの負担もなくやりとりがスムーズになります。

⑤「再婚後も細く長く実父子の縁をつなぎつづける風通しのよい関係」

交流の頻度　：★★☆☆☆
親同士の関係性　：☆☆☆☆☆

【親の構成】同居親／母親、別居親／父親
【子どもの年齢・性別】小学校高学年長女
【別居・離婚歴】離婚5年、再婚4年
【交流頻度】月1回10～16時
【連絡方法】親子交流支援団体
【実践方法】
毎月1回週末日帰りで10～16時を原則とする。行き先によっては時間が前後することもある。待ち合わせの場所と解散の場所は、子どもが住む最寄駅の改札で固定。
子どもがひとりで駅まで行き、父親と合流すると母親へＬＩＮＥで連絡。父母および父子の直接のやりとりはないため、万が一父親と待ち合わせができない場合には、子ども→母親→支援団体→父親という流れでやりとりを行う。

日程調整や行き先は親子交流支援団体が事前に父母の連絡仲介を行う。行き先ややりたいことは子どもの意向を母親が確認する。または、先に父親から提案があった場合には、子どもが行きたいかを確認して行き先を決定する。

【経緯】

離婚後から引き渡し支援を利用して月1回の交流があったが、母親が再婚を機にパートナーが交流に難色を示したことから、頻度を少なくしたいと母親側から面会交流調停申立をした。

調停中、「父親は入れ替え制ではないこと、実の父と急に会えなくなると子どもへのダメージがあること」を母親が知る機会があり交流を継続することを決断した。

パートナーの疎外感や不安をとりのぞくために、交流の時間の間は夫婦ふたりだけの時間を過ごすなどして、母親がパートナーへの配慮やフォローも行う。

子どもに対しても「実のパパと新しいパパがいて、ふたりから愛されているんだよ」ということを母親が包み隠さず伝えることで、子どもは混乱せずに事実を受け止めて、実父を「お父さん」、継父を「パパ」と呼び分けている。

子どもが携帯を持ち始めてからは、日程調整や行き先の調整のみ支援団体がサポート。子どもは月1回の交流を、父親が行きたいところに連れて行ってくれる特別な時間として、ちょっとしたデートのような感覚で楽しみにしている。

＊実践のポイントや考察

💡再婚家庭の共同養育、キーパーソンは母親再婚しても新しい父親ができるわけではなく、実父とのつながりを続けることが大事であることを母親が理解し、交流に対して後ろ向きだったパートナーへ理解を促せたことがポイントです。

再婚の場合、固定観念やパートナーへの気遣いから実親子関係を終了させた方がよいのでは、と思われがちですが、「実親は変わらない。入れ替える必要はない」ということを子どもを囲む大人たち一人ひとりが理解し、自分の立場や存在意義よりも子どもファーストの視点を持ち、譲り合えることが大事です。

たとえば、実父にとっては、自分が本当の父親なのにパパと呼んでいる人がいることへの疎外感や嫉妬があるでしょう。一方で、パートナーにとっては、自分が父親になるはずが実父との関わりがあるとうまく継親子としての関係が築けないのではないか、という焦燥感もあるかもしれません。

そして、母親としても一見するとパートナーの意見を尊重し、実父子関係をなかったことにしようとする方が新しい家族を築くにあたり摩擦もなく平和的に過ごせるように思えるでしょう。

しかし、パートナーの不安な気持ちを理解しつつも、子どもを第一に考え実父子が交流を続ける意義を諦めずに伝え続けることが、再婚家庭における共同養育のカギとなります。

また、子どもにも隠し事なく説明することでタブーがなくなれば、子どもは混乱することなく安心して新しい家庭でも過ごすことができます。

子どもが家族に不安や不信感を抱かずに過ごすことができることは、結果として新しい家族の平和につながると言えるのではないでしょうか。

三方向の調整をするため骨の折れる立場ではありますが、キーパーソンとなる母親が再婚家庭の共同養育の肝となります。

⑥「会えない時は写真や手紙でリモート交流！ 遠くから成長を見守る共同養育のカタチ」

交流の頻度　：★★☆☆☆
親同士の関係性　：★☆☆☆☆

【親の構成】同居親／母親、別居親／父親
【子どもの年齢・性別】５歳長女
【別居・離婚歴】離婚２年
【交流頻度】月１回週末宿泊、長期休暇は不定期に数泊
【連絡方法】日程調整は親子交流支援団体、動画や手紙の送付は父母が直接
【実践方法】

月１回の交流は、母親側の希望により支援団体の引き渡し型を利用。行き先は父親が事前に支援団体を通して母親に提案する。スケジュールや宿泊先なども共有している。

宿泊に使用する着替えなどは母親が準備する。宿泊は旅行先のこともあれば父親の実家や自宅のこともあり制限はない。

また、日常の様子は不定期に写真や動画が母親から父親へ直接メールで届く。子どもからの手紙が郵送で届くこともあり、その際の封筒の宛名は母親が書いて子どものサポートを行う。

【経緯】

母親が子どもを連れて実家に帰り離婚調停申立。父親は半年ほど子どもに会えない状況になり、父親「子どもに会えないなら離婚はしない」対母親「離婚したら子どもに会わせる」の状況になったため、父親が面会交

流調停申立し、月1回3時間付き添い型の支援付で取り決めがされ親子交流がスタートした。

回を重ねていくうちに時間が延び、付き添い型が引き渡し型に移行。父親側の祖父母に孫を会わせたいというお願いをしたところ、母親が受け入れ、宿泊交流が実現。以来、月1回の交流は宿泊、その他長期休暇は行き先によって3泊から5泊程度の宿泊交流が実現している。

父母で日程調整などは行わず支援団体に一任しているが、母親から父親へ一方的に送付する動画や手紙は直接やりとりしている。

＊実践のポイントや考察

欲を言わず信頼を積み重ねてきた地道な父親の努力

交流が拡充していったポイントは、父親が毎回の親子交流で子どもを楽しませるプランニングをし、家に帰った後子どもが「楽しかった」と素直に発言できたこと。そして、その言葉を母親がきちんと聞こうとしたことです。

父親が、少ない頻度に対して文句を言うことなく、毎回の交流を遅刻なども一切せずに着実に行い、信頼を重ねてきたことにより、母親が子どもの気持ちに耳を傾けられるようになったのでしょう。

また、父親は、宿泊を希望する際も、「すべきだ」という論調ではなく、あくまで提案型にして、母親側の要望を極力取り入れるようにしました。それにより、母親は宿泊による不安や宿泊の際の注意点などを父親に言いやすい環境をつくれたことが宿泊につながりました。

さらには、拡充したからといって矢継ぎ早にもっともっとと要求することなく、感謝を伝えるに徹したことにより、母親側の気持ちが懐柔し、長期の宿泊も実現しました。

子どもの手紙を父親に送るには、母親の協力なくしてはできないことであり、母親は自発的に協力していま す。父親に対して嫌悪感を持っているわけではなく、もはやどう関わればいいかわからないが子どもにとって 父親は必要であり、直接的に関わらないで済むのであれば協力していきたいと思っているのかもしれません。

このような父母の場合には、予期せぬできごとで、父母がバッタリ会ってしまうといったアクシデントがあ ってその場で話すことになれば、一気に雪解けする予感がしますね。

⑦「もっと面倒見てほしい……離婚して初めて子どもに関心を持つようになった父親」

交流の頻度　：★★☆☆☆
親同士の関係性　：★☆☆☆☆

【親の構成】同居親／母親、別居親／父親
【子どもの年齢・性別】小学校中学年長女、小学校低学年長男
【別居・離婚歴】離婚3年
【交流頻度】月1回週末日帰りまたは宿泊
【連絡方法】父母間でメール
【実践方法】

月に1回週末に父親が子どもを連れて遊びに出かける。または父親側が宿泊が可能な時には父親宅を拠点に過ごす。

やりとりは父母間でメールで行う。子どもの引き渡しは母子が住む最寄駅に父親が来て、改札中で父親が待

機、母親は改札まで子どもたちを連れていく。引き渡しの際に父母間での会話はなし。
家では父親の話をざっくばらんに母子でするなどオープンな環境を母親は意識的につくるようにしている。

【経緯】

調停を経て離婚。これまで育児をしてこなかった父親が面会交流調停を起こしてきて「何を今更父親ぶって」と思い、子どもと関わらせたくなかったが、離婚を機に父親の役割を担いたいのであればそれもアリかと思い、月1回実施とした。

育児をして来なかったので父親ひとりでふたりの面倒を見れるか心配、かつやりとりもしたくなかったので支援団体を利用しようと思ったが、費用がかかってもったいないので直接やりとりをし父親だけに育児を任せてみることにした。

最初は日帰り数時間にしたが、子どもの成長とともに時間を伸ばし、宿泊にまで至る。今となっては毎回宿泊にしてほしいし、月1回ではなく2回でも3回でも面倒を見てほしいが、父親側が月1回以上増やそうとはしない。

子どもたちは、同居中は父親に構ってもらえなかったが、離婚後の方が遊びに連れて行ってくれるので、父親のことを好きになっている様子。

＊実践のポイントや考察

💡育児ができない父親に思い切って育児を託す

これまで育児をしてこなかった父親に子ども、しかもふたりを任せるのは母親としては心配が尽きなかったはずですが、思い切って任せてみたことにより、父親は親としての自覚を持ち、かつ、子どもたちが懐いてくれることで交流を前向きに捉えられるようになったのではないでしょうか。同居中は母親が育児も家事も全部やってくれるものだと甘えていたのかもしれませんね。

そして、ひとりで面倒を見るようになって大変さもわかったことでしょう。自ずと母親への感謝も生まれてくるはずです。

子どもたちにとっても、同居中に比べて明らかに子どもたちを楽しませようとしてくれる父親と過ごすわけですから、楽しめるはずですし、楽しませようとしてくれる＝愛情として受け取り、父親からもずっと愛され続ける実感を得られることは、もしかしたら離婚した方がよかったケースかもしれません。

家でもオープンに父親の話をする母親のもとで育ち、父親とも関わりを持ちながら、離婚してもパパもママもいるのがあたりまえの環境で育つことができるので、離婚のダメージを最小限に抑えることができますね。

⑧「事務的要件で済ませたい父親×子どものことを相談したい母親」

交流の頻度　：★★☆☆☆
親同士の関係性　：★☆☆☆☆

【親の構成】同居親／母親、別居親／父親
【子どもの年齢・性別】小学校中学年長男
【別居・離婚歴】離婚5年
【交流頻度】1～2カ月に1回宿泊、長期休暇は1週間程度の旅行や父親宅
【連絡方法】日程調整や場所の提案は支援団体、当日の緊急は父母間でのメール、父子間LINE

【実践方法】

父親と母子の住まいが離れている。月1回父親が母子の住むエリアへ子どもを迎えに行き、旅行やキャンプなどで交流する。長期休暇は子どもがひとりで新幹線に乗り父親宅で数日宿泊。

日程や場所、やること、持ち物などの連絡は支援団体が連絡仲介を行う。当日の緊急連絡は父子のLINE、または父母のメールを使用する。

【経緯】

離婚調停で離婚成立。弁護士が外れた後に直接親子交流のやりとりをするも、事務的な父親に感情的な母親なため、メールのやりとりでこじれ、父が返事を書くのが億劫になり音信不通になりがちに。

父親も母親も子どもを思う気持ちは同じで母は父と息子が関わりを持ち続けてほしいと思っているので、やりとりがスムーズに行くように連絡仲介の支援を利用し、安定した交流の実施が継続した。

子どもの育児のことで母親が父親に相談したり頼りたいときがしばしばあるが、父は母と関わりたくない思いが強いため、親同士の関わりにはネガティブである。

子どもとの交流においては、さまざまな体験をさせてあげようと、アウトドアやウインタースポーツ、音楽鑑賞など毎回イベントが豊富である。子どもが大きくなるにつれ直接やりとりできることも多くなったが、母は父子の交流を把握しておきたい様子もある。

＊実践のポイントや考察

💡子どもの視野が広がるために必要不可欠な父親の存在

父親が企画する宿泊交流の内容が毎回子どもの興味関心をそそるものが多く、母親では体験させてあげられないような経験を子どもにさせてあげられることで、父親は母子からの信頼が厚いケース。

「日頃の監護は母親、視野を広げるための育児は父親」というふうに自然に分担されていることから、それぞれが子どもと過ごす時間の育児のやり方にお互い口出しをしないのもうまくいくポイントです。

なぜお互いが任せられるかというと、子どものことをなによりも一番に考えているという点においてはお互い信頼があるからなのでしょう。

また、母親が「子どもは自分のもの」とひとり占めしようという発想はなく、子どもにとって何がベストかを常に考えており、自分が寂しい思いをしてでも父親と過ごす時間を多くする方がよいのではないか、と思いをめぐらすことができているのも大きいですね。

親同士で直接話し合うことは困難でも、子どものためというベクトルをそれぞれが持っていることで、子どもは両親の仲が悪いのは仕方ないとして、両親それぞれから愛情を受けてさまざまな経験をすることができます。

今後、進路などで母親が父親へ相談したい場面も出てくることが想定されますが、直接のやり取りは困難だったとしても、支援団体を利用するなどして、父親か母親と関わることを拒まないようにしてゆけるかが課題となっていきます。

⑨「調停中は交流の頻度が制限……離婚後直接話すようになったとたんに拡充！」

交流の頻度　：★★☆☆☆
親同士の関係性　：★★★☆☆

【親の構成】同居親／母親、別居親／父親

【子どもの年齢・性別】小学校低学年長女、未就学児次女
【別居・離婚歴】離婚1年
【交流頻度】月1回3時間→月2~4回時間制約なし。長期休暇は宿泊あり
【連絡方法】親子交流支援団体→父母間でLINE
【実践方法】

別居後月1回3時間の時は、母親の住まいの最寄駅から数駅離れたショッピングセンターや児童館で交流。父親ひとりで子どもふたりの面倒を見ることが困難なため、支援団体の付き添いを利用した。

離婚後は、直接連絡を取り日程を決め、支援団体に代わって必要に応じて母親が同伴。ふたりを同時に面倒を見るコツなどを母親が父親へ伝授。4人で食事をすることもある。

【経緯】

父親のモラハラに悩み、母親が離婚に向けて行政へ相談し、子どもを連れて住所秘匿で別居。法テラスの弁護士に依頼し、母親は離婚調停を申立、追って父親は面会交流調停を申立した。

別居後6カ月ほど経ち、親子交流支援団体の付き添い支援を利用し試行面会を実施した。その後支援を受けながら月1回の交流を継続。時間は3時間から徐々に6時間と拡充するようになったが、「自宅はNG、引き渡し型もNG、宿泊もNG」と制限が多かった。

別居から1年半ほど経ち離婚調停が成立。付き添い支援で月1回と長期休暇の宿泊が取り決めされたが、離婚して半年ほど経った頃、母親から父親へ直接連絡し、「子どもたちが父親に会いたがっているのはわかっていたが調停中は条件闘争だったのでセンシティブになっていた。これからは子どもが会いたい時にいつでも会えるようにしていきたい」と提案した。

現在、回数や時間にこだわらずに父母でやりとりしながら週末に交流を実施。動物園など迷子になる危険のありそうな場所のときには、母親も同伴し4人で食事をすることもある。

＊実践のポイントや考察

💡離婚したことでわだかまりが一気に解消

係争中は書面でのやりとりで相手への不信が増したり、条件で不利になりたくないからと、相手の意向を受け入れづらく応戦状態になってしまうが、係争が終わり離婚ができたということでのホッとしたこともあり、母親側が軟化したというケースです。

ポイントは、母親はきちんと子どもファーストに考えることができていたこと。子どもが父親に懐いていることに嫉妬などはなく、もっと交流を増やしてあげたいという気持ちはあり、自分の感情より子どもが父親を思う気持ちを優先してあげようと思えていたことです。

そして、母親が離婚後に親子交流拡充に向けて提案できたのは、父親が毎回の交流をきちんと時間を守り、母親が負担になるような要求をしてこなかったことが大きな要因です。それにより、母親は父親に対して「同居中は高圧的だったが離婚をすることによって自分の意向を聞いてくれるようになった」という信頼感ができたからこそではないでしょうか。

また、子どもふたりを面倒見ながら仕事・育児・家事すべてをこなすのは容易なことではないため、離婚前から父子交流の時間を母親がリフレッシュできる時間に充てることができ、父親に子どもを見てもらっていることに自分自身にもメリットを感じる機会があったことで、さらに拡充に前向きになれたと思われます。

係争中の、「会えない対会わせたくない」の裏には、「会えるまで離婚しない対離婚したら会わせる」という心理が働いています。修復が困難かつ片方が離婚を強く希望している場合には、離婚することを早めに選択肢に入れられると、案外雪解けは早く親同士の関係になれる場合も多いです。

モラハラの傾向があることと頼りになることは表裏一体。頼りになるところに惹かれて結婚したような夫婦の場合、離婚後に親同士の関係再構築がさらに進めば、子どもの教育や進路について、父親に相談したい場面も出てくることでしょう。頼られたときにも、結婚していたときのような高圧的な態度ではなく、必要なポイントを的確にサポートできれば、信頼が増し、相談しあえる親同士の関係が確立していきます。

月2回から毎週1回程度のケース

⑩「子どものために頻度が多いことは合意。いかに親同士の葛藤を下げるかに注力する父母」

交流の頻度　：★★★☆☆
親同士の関係性　：★☆☆☆☆

【親の構成】同居親／母親、別居親／父親
【子どもの年齢・性別】未就学児長男、未就学児長女
【別居・離婚歴】別居3年
【交流頻度】毎週末日帰り
【連絡方法】父母間でＬＩＮＥ
【実践方法】

取り決めはないが、子どもが寂しがらない程度にという父母の合意で、原則毎週末、父親が母子が暮らすエリアに迎えに来て、子どもを連れて遊びに出かける。子どもが望めば母親もついていくこともある。日程や時間、行き先は父母間で都度調整する。

父親宅の宿泊は母子分離が困難なため現状では日帰りのみ。

【経緯】

高圧的な父親と離婚したくて子どもを連れて別居し実家に暮らす母親。離婚調停は申し立てずに円満に離婚できるよう当事者同士で協議を重ねる。同居中は夫が怖くて何も言い返せなかったが、別居後は意向を伝えられるようになる。しかしながら、意見の相違でもめそうになり本人同士では困難な場合にはカップルカウンセリングを実施した。

別居当初は父親と関わりたくないがゆえに子どもと父親の交流に後ろ向きだったが、子どもが父親のことを大好きなことを否定することはなく、別居3カ月後から交流を再開。

徐々に拡充し、現在は毎週末日帰り。子どもが望めば母親が同伴することもある。宿泊は子どもが母親と離れて寝食を過ごすことができないためもう少し成長を見届けてからの予定。母親も一緒に宿泊すればいいとの父親の提案には、母親は応じられない。

日程調整などのやりとりは父母が直接行い事務的なやり取りはスムーズだが、子どもの習い事や教育方針など意見の相違があったりもめそうな時にはカップルカウンセリングを実施し中立な立場の第三者を交えて話すようにしている。

交流の頻度が多いのでやりとりも必然と多くなるため、一触即発な場面もあるがなんとか継続している。離婚に向けての話し合いは棚上げ状態。

＊実践のポイントや考察

💡自分の子育て論は横に置いて相手を尊重する

高頻度での共同養育の場合、やりとりが多いがゆえにトラブルになる確率も高くなります。だからといって頻度を下げるのではなく、いかに夫婦の葛藤を下げ話し合える関係性にしていくか、ないしは話し合いができない場合には第三者の力を借りるという視点を持てるかがポイントとなっていきます。

このケースの場合、もめごとが起きるときはたいがい、日々の生活や子どもの教育について父親が母親に忠告するとき。父親はよかれと思ってアドバイスをするわけですが、母親は自分の育児にクレームをつけられていると思ってしまいます。やりとりが続くなかで、口調の強い父親に対して母親は疲弊し消化不良のまま黙り込むというループにはまっていきます。これでは同居中と何も変わりません。

また、母親は、父親より社会的地位が低く父親に馬鹿にされているのではないか、という先入観から、育児だけは父親に負けたくないというプライドがあり、父親の意見を聞き入れないことがあります。

両者ともに子どもを大事に思う熱量は同じ。自分の子育て論は横に置いて、子どものためになにがベストか、をイメージしながらお互いの意向を尊重することが大事です。

日頃の生活は、監護をメインに担う母親にある程度一任し、週末は父親が教育する時間と割り切り、お互い口を出さないのもひとつのやり方です。

今後、子どもが成長するにつれ進路で価値観の違いからもめることも大いにありえます。また、離婚についての話し合いも進む可能性があるため、本人同士で話し合うことが困難だと想定される場合には、悪化する前に第三者を交えカップルカウンセリングを行う選択肢を持っておけるとよいですね。離婚は条件決めが先行されがちですが、条件を決めるためにも話し合える関係性をつくるに越したことはありません。

また、父親は「共同養育できている＝復縁すればいい」と思っている節があり、妻にその思いが伝わることもしばしばあります。共同養育と夫婦の復縁は別物だということ、片側の離婚の意向が強い場合には復縁は難しいということも心得て関わっていくことがベターです。

⑪「父親が会いにくる日は母親は実家に退避。子どもの生活環境を変えないことを徹底」

交流の頻度　：★★★☆☆
親同士の関係性　：★☆☆☆☆

【親の構成】同居親／母親、別居親／父親
【子どもの年齢・性別】中学生長女
【別居・離婚歴】別居3年
【交流頻度】月2回程度週末宿泊
【連絡方法】父子でＬＩＮＥ、事務連絡は父母間でＬＩＮＥ
【実践方法】
母子が暮らす結婚生活中から住んでいた自宅に、月2回程度父親が来て父子で過ごす。父親が来る時は母親は自分の実家に移動。父親が帰った後母親は自宅に戻る。
【経緯】
離婚したい母親に対して離婚したくない父親。一緒に暮らしていると口論が絶えないため、父親が家を出る形で別居した。離婚は子どもが成人してからすることだと父母子の三者で合意している。

母子は引き続き自宅に住み続ける。別居後、子どもが父親宅へ宿泊しに行っていたが、子どもの予定が忙しいのと、荷物を持っていくのが大変だったり落ち着いて過ごせないという子どもの意向により、子どもが普段から暮らす母子宅での父子交流がスタートした。

当初は生活圏に父親が入ってくることに懸念を示していた母親だったが、子どもが快適に過ごせることを優先し、父親が家に入ることを受け入れることになった。父親にとっても結婚生活中住んでいた慣れた家なので不便もなく、自宅でゆっくり過ごしたり自宅を拠点に子どもと出かけたり自由に過ごす。

＊実践のポイントや考察

💡家に入れても大丈夫という信用次第

離婚前提の別居中に、相手が家に入ってくることに嫌悪感を覚えるのは自然なことではありますが、自分の感情よりも子どもの意向を尊重したことで子どもに負担なく父親と過ごすことを継続できていますね。

母親がこの決断ができたのは、結婚生活中に「部屋を汚さない。不要に人のものを見たりあさったりしない。節度がある」といった信頼があったからこそ。夫婦としては困難だったとしても、人として、親としては母親が嫌がるようなことはしないと思える関係性を結婚生活中に築いていたかが肝になります。

実際、父親も自宅では必要最低限にしか物を使ったり部屋を覗いたりせず、母親のプライベートを詮索しようとしたりもしない。部屋も原状回復して家を出るので、自宅の使い方の不満などはないため継続できています。また、父親が毎回子どものためにと美味しいお菓子やフルーツを買ってきて母親の分も残しておくので、母親としても帰った時にお土産を見るのが楽しみになっています。

父親が自宅に来た際に、母親が避難する場所があるのであれば、子どもが移動せずに済みますし生活スタイルを変えずに過ごせる、よいパターンの共同養育の方法ですね。

今後、離婚した際にどうなっていくかが課題となります。このままのスタイルを継続するもよしですが、あらたなパートナーができたりすると元夫が出入りすることはさすがに快く思わないこともあるでしょう。

子どももある程度大きいので、経済的に許されるのであれば、自宅は子どもの家として、母親も子どもの家の近所にあらたな住まいを設け、父親と母親それぞれが子どもの家に通うというスタイルもひとつの方法ですね。

⑫「ひとりで育児できることを妻に見せつけたかった……いらぬ意地に子どもを巻き込んだ後悔を機に共同養育を実践」

交流の頻度　：★★★☆☆
親同士の関係性　：★★★☆☆

【親の構成】同居親／父親、別居親／母親
【子どもの年齢・性別】小学校中学年長女、小学校低学年長男
【別居・離婚歴】離婚5年
【交流頻度】毎週末日帰りまたは宿泊
【連絡方法】父母間でＬＩＮＥ
【実践方法】

平日は父親の実家で父親と過ごし、毎週末、母親宅に行き子どもの予定によって日帰りまたは宿泊になる。長期休暇は都度相談。母親宅付近まで父親が送り、帰りは母親が父親宅まで連れてくる。引き渡しの際に顔を

合わせて挨拶や事務連絡などを行う。
学校行事なども都度母親に知らせる。予定を合わせて一緒に見ることはないが、たまたま日程が重なるとその場で一緒に見ることもある。４人で一緒に過ごすことはない。

【経緯】

母親から離婚を申し出る。親権を譲ってでも離婚したいという思いが強かったため、当初は離婚に反対していた父親も同意し、子どもの親権を持ちシングルファザーとなる。

当初、母親側の勝手で離婚になったと母親を責める気持ちが強かったので、離婚直後から1年くらいは、できるだけ子どもたちに関わらせたくないし、自分で育児もできるから母親は必要ないと見せつけたい思いもあり、親子交流には後ろ向きだった。会わせていたけれど1分でも遅れると母親を責めるような言動をとっていた。

家でも母親の話をしないようにして、子どもたちも母親と会った話は家でしなかった。ただ、いつも寂しそうにしている子どもの様子は気がかりで、時が過ぎ、母親に対する憤りが落ち着いた頃に、母親へ「子どもともっと会ってあげてほしい」と伝えると一気に父母関係が雪解け。

父親としては、育児の負担が想定以上に重く仕事に専念もできない日々に正直ストレスも溜まっていた。母親へ育児を分担したいと伝えたら喜んで応えてくれた。

以来、平日と週末でわけることを原則として共同養育を実践。父子と母子それぞれの時間を過ごす。父母が会話をするようになり、子どもたちはほっとしている様子で父親宅でも母親の話を頻繁にするようになる。

＊実践のポイントや考察

意地を張らず母親に育児を頼ったことで徐々に雪解け

はたから見るとこれといった大きな離婚理由がないため、離婚を突きつけられた父親としては、「夫婦は冷めているがこのままでいいじゃないか」となったのも無理もないでしょう。

そんななか、どうしても離婚したい母親が下した「親権を父親に任せる」という決断。これにより、離婚の決意が強固なものである意志が父親に伝わり同意せざるを得ない状況だったかもしれません。

そして、親権を任せたからといって子どもと会うことを制限されるとは母親自身も思ってもみなかったでしょうから、父親が母子交流に後ろ向きな時期は母親の心労も絶えなかったことと察します。

最近では、別居親が母親という離婚も増えてきましたが、母親が親権を持たないということに社会はまだまだ偏見の目があります。ただ、自分より父親の方が経済力があるから子どもが不便なく暮らせるといった子どもへの思いから自身が身を引き離れて暮らすことを決断する母親もいれば、やむを得ず家を追い出されてしまったという母親もいます。

いつでも会える環境さえあれば、どちらが親権を持っても子どもにとってダメージがなく済みます。目に見えない親権という権利は振りかざすためにあるのではなく、親権者は子どもと別居親の橋渡しをする重責を担うのだという心得を持つことが大切ですね。

⑬「再婚した夫と元夫は挨拶済み。子どもを愛する大人が増えていくステップファミリー」

交流の頻度　：★★★☆☆
親同士の関係性　：★★★★☆

【親の構成】同居親／母親、別居親／父親

【子どもの年齢・性別】小学校中学年長男
【別居・離婚歴】離婚4年、再婚2年
【交流頻度】原則隔週末宿泊
【連絡方法】父子間でＬＩＮＥ、父母間でＬＩＮＥ
【実践方法】

同じ沿線に住んでいる父親宅で週末に宿泊して過ごすほか、母親が仕事で遅くなる時には父親宅で夕食を済ませて送り届けてもらうなどしている。子どもの育児方針は母親に一任。

学校行事も予定表を入手すると父親と共有する。運動会は一緒に観戦し一緒にお弁当も食べる。授業参観も一緒に行く。結婚生活中は父親は仕事が忙しく学校行事に積極的ではなかったが、離婚した後の方が関心を持って参加率が増えている。

再婚してからも、父子の関係は継続し会いたい時に会える環境は変えないようにしつつも、週末にあらたな家族で出かけることが増えたので、毎週末ではなく隔週末になりつつある。

【経緯】

本人同士で話し合い協議離婚。養育費の取り決めはしたが親子交流については自由に会えればよいので取り決めなし。

夫婦関係は解消しても親同士として友だちのように関わっていきたいという意向にお互い合意。共同養育という言葉は知らなかったが、まさに子どもが自由に行き来できる共同養育を実践している。

学校行事にも一緒に参加し、子どもが望めば3人で旅行に行くことも。周囲からは「復縁すれば？」と言われることも多いが、それとこれとは訳が違う。夫婦関係を解消したからこそ構築できた父母としての関係である。

離婚後2年ほど経ち、あらたなパートナーができて再婚。現在ステップファミリーを築く。子どもが実父やあらたなパートナーに気を遣わなくて済むように風通しをよくしておきたいことから、再婚する際には父親へ彼を紹介した。

子どもも実の父親はパパであり、あらたなパートナーのことはニックネームで呼んでいる。あらたなパートナーは子どもの父親というスタンスではなく、子どもにとっての年上の友だちくらいの感覚で接し、母子で喧嘩した際などに緩衝材的な役割を担っている。

＊実践のポイントや考察

💡子どもを取りまく大人たちが足並み揃えて子どもファースト

この風通しのいい関係を築くことができたのは、「離婚したらひとり親」「再婚したら新しい父親になる」という固定観念に振り回されることなく、子どもにとって大事なことは何かに注力し、実の父親の存在を尊重すること、そして部外者になりがちなあらたなパートナーに対しても存在意義や子どもとの関わりについて理解を促すために何度も説明をし続けた母親の努力の賜物です。

また、実父、パートナーともに自身の役割を把握しお互いの領分を侵食せずに尊重し合っていることで、子どもが「新しいお父さんに申し訳ないから前のお父さんに会わない」という感覚を持たず、気を遣わずに済んでいます。

再婚家庭は、離婚を挽回しようと「みんなで仲良く」を思い描きがちですが、再婚しても親にならなくてもいいし、親子にならなくてもいい。もっというと仲良くならなくてもいいというところから期待値を下げてスタートするとうまくいきやすいものです。母子の時間、夫婦の時間それぞれをつくりながら、うまくいけばあらたな家族3人で過ごすというくらいでも十分なのです。

⑭「ママ友もみんなで共同養育を応援　元夫も学校行事に来やすい環境づくり」

交流の頻度　：★★★☆☆
親同士の関係性：★★★★☆

【親の構成】同居親／母親、別居親／父親
【子どもの年齢・性別】中学生長男、小学校高学年次男
【別居・離婚歴】離婚4年
【交流頻度】月3～4回程度週末
【連絡方法】父子間でLINE、父母間でLINE
【実践方法】
週末3～4回、近所に住む父親と子どものスケジュールに合わせて交流する。アウトドア好きな父親が子どもたちや子どもの友だちも連れて釣りやバーベキューに行く。
学校行事にも一緒に参加したり、4人で食事をすることもあれば、ママ友家族も交え、家族ぐるみでの交流も継続している。
【経緯】
「離婚したいけれど父親がいない子にしたくない……」と悩んでいる母親だったが、共同養育という方法を知

り離婚に一歩踏み出す。離婚には反対していた父親だが、母親から共同養育という方法があることを聞き子どもと関わり続けられるのであればとやむを得ず離婚を受け入れることにした。

父子はいつでも会えるようにしたいが、離婚後も自宅に入ってきたり、夫婦のように振る舞ったりすることは母親にとってストレスになることもある。

学校行事などは一緒に行くが、父親が馴れ馴れしくしてこないようにママ友も交えて行動するようにしている。

子どもたちは親は離婚したけれど親がひとりになったとは全く思っておらず、父親も母親もいるのが当たり前の価値観になっている。

母親は父親のことを頼りにはしていないが、子どもたちがいるのは父親のおかげだと、父親の存在に感謝をしている。

＊実践のポイントや考察

💡離婚をオープンにするかどうか子どもの意向も尊重して

母親が離婚前から共同養育という方法を知っていたことにより、離婚協議の際に父親へ共同養育の考え方や具体的な共同養育の方法を提案したことで、父親は「離婚したら子どもに会えなくなるのではないか？」といった不安を感じずに済みました。それにより、もめずに離婚できたからこそ、風通しのよい円滑な共同養育が実践できています。

また、周囲の協力を上手に借りているのもよいですね。ママ友たちが離婚後の親同士を見守りフォローしてくれて、ママ友の子どもたちも離婚していることをわかっているので、子どもたちも隠す必要がないこと、また、地域みんなで共同養育を見守り支えているので、父親が離婚後も子どもの行事に参加しやすく、居場所があるので来やすい環境が整っています。

離婚というとネガティブに捉えられがちですが、明るくオープンにすることで周りは助けてくれますし、子どもたちも堂々としていていいんだと思え、このケースでは離婚のダメージを最小限に抑えることができています。

今後、子どもが中学や高校に進学した際、友だちの環境も変わります。親はオープンにしていても、子どもは新しい環境で親の離婚をわざわざカミングアウトしたくないと思うかもしれません。隠す必要はないですが、離婚を積極的に表明しないという配慮が必要になってくる場面が出てくるかもしれないので、子どもの意向を確認しておくとよいですね。

毎週平日および週末のケース

⑮「リモート連絡仲介支援を利用し、やりとりゼロで毎週末宿泊交流が実現」

交流の頻度：★★★★☆
親同士の関係性：☆☆☆☆☆

【親の構成】同居親／母親、別居親／父親
【子どもの年齢・性別】小学校低学年長男
【別居・離婚歴】離婚4年

【交流頻度】月1回宿泊→毎週末宿泊、学校や園行事参加、長期休暇や年末年始は数日宿泊

【連絡方法】親子交流支援団体

【実践方法】

行き帰りともに時間や待ち合わせ場所を固定。待ち合わせは母子が住む最寄駅の駅ビルのエレベーター。父母間で顔を合わせることややりとりすることを避けるため、支援団体が連絡の仲介を行う。

エレベーターの昇降だけ子どもだけで乗り、子どもが乗るタイミングと子どもと合流したことの連絡を支援者がリアルタイムでLINEで連絡仲介する。父母はLINEなど連絡ツールは一切繋がっていない。

学校行事はそれぞれで参加。学校からお知らせが来ると支援団体を通して父親と共有。父母が顔を合わせないよう居場所のエリアや動線をあらかじめ決めておくことで会わないように工夫する。

長期休暇は数泊宿泊が定例となっていたが、最近は年末年始や誕生日当日など子どもにとっても家族にとってもメインとなりうる行事を父親宅で過ごすこともある。

【経緯】

住所秘匿で妻が子どもを連れて別居。離婚調停面会交流調停を経て離婚に至る。月1回宿泊と行事のみと取り決めでは決まっており、支援団体の引き渡し支援を利用し交流を開始した。

取り決めの範囲内で、一緒に過ごす時間を多くしたい父親は、連休の時には2泊など拡充をあきらめずに離婚後も支援団体を通して母親へ働きかける。

母親は、最初は難色を示していたが、週末子どもが不在になり自由な時間を手に入れられるメリットを感じ始めたことにより、徐々に宿泊日数や頻度の拡充に前向きになった。現在は、母親からの提案でほぼ毎週末宿泊。GWや年末年始も父親が優先的に会えるようになっている。

父母の関係性としては、お互い関わりたいとは思っていない。ただ子どもにとっては父親が関わることの大切さは理解しているため、母親としても頻度が増えることへの不平不満はない。

できるだけもめずにやりとりゼロでストレスフリーに子どもに会えればそれでいいといった関係性で現在に至る。父親側は、本心としては半々の共同監護を望んでいるが、取り決めより拡充していることについて都度感謝を伝えるよう心がけさらなる拡充を視野に入れている。

＊実践のポイントや考察

💡父母は没交渉でもやり方次第で毎週末宿泊交流はできる

毎週時間も場所もすべて定例化して例外を設けないようにしながら、淡々と共同養育を行うことにより不要な摩擦がなくスムーズに実践されています。

頻度が多いゆえに、父親と過ごしている時間内に公園で転んで怪我をするといったこともたまにありますが、育児分担であるし母親と過ごしていてもそのようなことはありえるという視点で、母親が父親の育児時間に対して寛容というかむしろ無関心でいることももめないコツです。

父親も責められると思ったら隠すが、責められないということは理解しているので正直に伝え謝ることもできています。ここで子どもに対する誠実さがお互い見受けられるので、最低限でも信頼関係が保てているわけですね。

今後、子どもの教育についての温度差が論点となりそうですが、両親それぞれと過ごしている時間はお互いに任せ、いざ進学のときには子どもの意向を尊重しながら子どもの学力にあった進路を選んでいけるとよいでしょう。

⑯「土曜はパパの日！ 習い事の見学も申込も送迎も月謝もすべて父親にお任せ」

交流の頻度　：★★★★☆
親同士の関係性　：★☆☆☆☆

【親の構成】同居親／母親、別居親／父親
【子どもの年齢・性別】小学校低学年長女
【別居・離婚歴】離婚2年
【交流頻度】週1回学童お迎え、毎週土曜10～17時
【連絡方法】親子交流支援団体を交えたＬＩＮＥグループ
【実践方法】

父親は毎週土曜日帰りと週1回学童へのお迎えをする。子どもがやりたいという習い事を叶えるために父親から母親へ交渉し、土曜の交流日に習い事をスタートした。見学後、父親から母親へ報告し教室を選定。手続きや月謝の支払いまですべて父親が担当している。

平日は保育園の時は送迎をしていたが、小学生になり送りが不要になったため、金曜に16時ごろ学童へお迎えし夕食までの時間を過ごす。

父母本人同士のみでやりとりをするともめやすいのと両者に拒絶感があるため、支援者が入った三者のＬＩＮＥグループを作成した。やりとりのルーティンは、平日学童のお迎え後どこでなにをして遊んだかをＬＩＮＥグループで事後報告。その他、急な予定変更などもＬＩＮＥグループでやりとりを行う。

【経緯】

母親が離婚の意志が強く、父親も条件が決まって離婚には同意した。ただし弁護士を雇うのはもったいないという両者の意向によりADRで離婚協議をした。

父親が若干だらしないところがあるため子どもを会わせることに後ろ向きな母親だったが、ADRのなかで親子交流の取り決めをしていくうちに、父親が子どもを思う気持ちに触れることができ、子どものためを思って父子交流の大切さを理解し共同養育を実施することになった。

離婚当初は父親が送迎の時間管理にルーズだったこともあり、何度となく交流が停止しそうだったが、改善が見られ交流継続できた。

父母の関係性は、親同士として協力体制を築くのには程遠い状況ではあるが、曜日と時間を固定することで最低限のやりとりで済み、大きなトラブルはなく継続できている。

＊実践のポイントや考察

ADRだからこそ実現した柔軟な共同養育

家庭裁判所の調停になっていたら月1回数時間程度になってしまっていたかもしれないほど共同養育に後ろ向きな母親でしたが、ADRで話し合うことによって、夫が育児のマンパワーになることをイメージできたことが共同養育への第一歩となりました。

子どもの都合もあるので仕方ないことではありますが、母親からLINEで急なキャンセルの連絡が入ることもありましたが、父親は子どもが理由なら仕方ないと受け入れ、言い返さないことでもめずに済んでいます。

3年経っても親同士の関係の改善は見られず、今後も平和的な関係性を築くことは難しそうですが、「なぜ自分だけ我慢しなくてはいけないのか?」と思わずに、相手も我慢したり努力しているんだと思うようにしていくことが大事です。

とはいえ、顔を合わせることはできますし、第三者を交えてであればカップルカウンセリングもできる関係性なので、LINEグループのやりとりだけではもめてしまうということなら対話をする選択肢を持っておけると安心ですね。

⑰「父親が同居親。一触即発！予定が変わるたびに深まる不信と疑心」

交流の頻度：★★★★☆
親同士の関係性：★☆☆☆☆

【親の構成】同居親／父親、別居親／母親
【子どもの年齢・性別】小学校高学年長女、小学校低学年長男
【別居・離婚歴】離婚3年
【交流頻度】毎週金土日宿泊
【連絡方法】父母間でメール
【実践方法】

裁判所での取り決めは、金曜の夜から日曜のお昼まで母親のもとで過ごすというもの。徒歩圏内に父母が住むが、子どもが低学年の頃は子どもだけで移動ができないため、シッターを雇い子どもの行き来を送迎していた。

毎週の子どもの予定をグーグルスプレッドシートを使って共有し、できるだけ直接のやりとりをしないで済

むようにしている。

予定の変更がない時はスムーズに進むが、子どもの習い事が増えるなど予定が変わると直接やりとりしないわけにもいかなくなり、別途メールでのやりとりも並行する。

子どもの習い事でキャンセルが頻発することもあり、「習い事の送迎をしたい」という母親に対し、「日常のことには入ってくるな」という父親で対立が深まる。結果として、母が我慢して父の意向に添いながら継続中。

学校行事は、父から母へ情報共有されるもののすべてではないため、母親はママ友から情報収集につとめる。

【経緯】

親権争いでもめて離婚裁判により父親が親権者で離婚。近所に住み毎週末母親のもとで宿泊する共同養育の取り決めとなった。

しかしながら、突然の予定変更や延期が多発し、約束どおりに実施されないことに寂しさや不安、苛立ちを感じた母親は、弁護士を通してやりとりをしたり再調停を検討するなど、一向に溝が埋まらない状況である。

子どもたちも親同士の不仲を認識していて、特に父親の前で母親の話はタブーとなっている。

子どもの成長に伴い土日に習い事が始まると、母親宅からの移動が荷物の関係などで子どもも億劫になり、金曜には泊まらず土曜に習い事が終わった後母親宅に行くことが増える。

事前にわかっている予定変更であればまだしも当日キャンセルが相次ぐなどし、母親としては取り決めどおりに実施するために習い事への送迎などにも介入を求めるが、父親が自身の生活圏に母親を入れさせたくないために断固拒絶。代替日を設けるにも毎週末が原則なので設けづらい。

頻度が守られないので、再調停しようとするほどストレスを抱える母親に対して、家事育児仕事と日々多忙を極めている上に母親からのクレームにうんざりする父親という状況である。

＊実践のポイントや考察

💡関係が悪ければ悪いほどやりとりは丁重に

憎み合って離婚し、親同士の最低限の信頼関係が構築されていないため、なにかトラブルが起きると「相手のせい」とお互いが思い、相手を責めるスタンスになってしまいます。

お互い感じている理不尽さは同じです。共同養育しづらい相手と自分が思うように、相手も同じことを思っているのです。

予定が変更になる際には、たとえ子どもの都合によるものだったとしても「変更になって申し訳ない」と冒頭に伝えること、そして、別居親は変更に対して文句を言うのではなく「わかりました」と受け入れること。この関係を繰り返すことで、自分自身も共同養育しやすい相手になっていくことが円滑に実践するコツとなります。

離婚裁判で散々戦い合った相手へ感謝を伝えたり相手の意向を受け入れたりするのは容易なことではありませんが、今後も子どもが成長するにつれ、予定通りに行かないことはさらに増えることが想定されます。大事なのは取り決めを守ることよりも、親同士が臨機応変に変更できる関係になっておくことです。

相手が変わらないからと相手のせいにする前に自分自身が歩み寄ることに尽きます。自分が歩み寄れば相手は批判することを正当化できなくなります。「歩み寄るが勝ち」。勇気を持って、相手より先に手を打ってみましょう。

⑱「離婚でバチバチに争いながら、夫婦と親子は切り分けて毎週父子交流」

交流の頻度　：★★★★☆
親同士の関係性　：★★☆☆☆

【親の構成】同居親／母親、別居親／父親
【子どもの年齢・性別】小学校高学年長女
【別居・離婚歴】離婚4年
【交流頻度】原則毎週末
【連絡方法】父子間でＬＩＮＥ、父母間でＬＩＮＥ
【実践方法】

徒歩圏内に父親が住む自宅へ子どもが週末行く。忘れ物があってもすぐに取りに帰れる距離感。宿泊することもあれば子どもの予定により日帰りになることもある。父子で旅先などを決めて長期休暇は旅行へ出かける。

学校行事などは父親と情報を共有するが、あえて一緒に行くことはない。子どもが望めば一緒に行くようにする。休日には子どもが希望すれば、父母子3人で旅行やハイキングなどに行くこともあるが、最近は子どもが思春期に入り父親と過ごすことに消極的になっている。

【経緯】

同居しながら離婚調停スタート。離婚したい母親対絶対離婚したくない父親で離婚調停は長期化ドロ沼化した。耐えきれず母親は子どもを連れて家を出るが、子どもの環境を変えたくないため、自宅から徒歩圏内に引っ越す。

夫婦間は緊張状態が続いていたが、子どもは別居直後から週末だけ父親の住む元の自宅に行く。当時の母親の心境としては、父親に楽しい思いをさせたくない思いがあり、子どもが父親のところに行くことを快く思っていなかったが、顔には出さずぐっと堪え子どもが気を遣わないように気をつけていた。

一度だけ父親のところから楽しそうに帰ってくる子どもを見て、楽しい思いだけしている父親に怒りが湧き、「パパになんか会わなくてもいいんだよ」と子どもに言ってしまったことを悔やんでいる。すぐに謝ったが、後に子どもに当時のことを聞くと、すごく傷ついたと言っていた。

父親が離婚に応じるようになってからは一気に進展。「離婚」という目的に対して夫婦が協力し話し合いを進め、弁護士に費用を払うくらいなら教育費に当てようという思いも合致し、本人同士で離婚条件も決めて調停離婚が成立した。

最近では、子どもが望む時には3人で出かけたりすることもある。

ただ、最近思春期も重なり父親と過ごすことに後ろ向きなため、会っていない間は、子どもの写真や動画を送ったり、状況をシェアするなどして父親にも子どもの様子がわかるようにしている。

＊実践のポイントや考察

どんなに夫婦がもめていても親子関係は切り分ける

調停中は親子交流の条件が決まるまで交流ができないといったことになりがちですが、バチバチに争っている相手と子どもが会う時に、母親が嫌な気持ちをぐっと堪えたことで、子どもが母親に気を使わず父親のもとへ行きやすい環境をつくれました。

そして、つい言ってしまった「パパになんか会わなくていい」の一言。親だって人間ですから間違いはありますよね。もちろん言わないでほしい一言ではありますが、つい本心が出てしまったのでしょう。子どもを傷つけてしまったことも自覚し、すぐに謝ったことで子どもは母親に「会いたいと言ってはいけない」と思う時期が一瞬だったので軽傷で済んだかなという印象です。

一方で、父親側は「離婚したら子どもに会えなくなるのではないか？」と不安になると、係争の場では、より攻撃的にもなるでしょうし離婚も絶対受け入れないということにもなり、関係がさらに悪化しがちです。

別居直後からきちんと交流を継続し、共同養育を別居直後から実践していれば、親も子どもも離婚で一変するのではなく、離婚後の子育てのイメージも湧きやすくなります。このご家庭は別居直後から共同養育の練習がしっかりできていたので離婚後もスムーズにできました。

子どもが思春期で父親のところへ行きたくないと言っても、母親の入れ知恵ではなく子ども本人の意志なのだと父親も会えない理由を受け入れやすくなるのではないでしょうか。

親同士のもめ事と親子関係の継続はリンクするものではないので切り分けて考えられると、結果として離婚も円満に運び、その後も争わずに済むので、相手との関わりにおけるストレスも軽減されますね。

⑲「週末サッカーは父親、平日は母親　完全分担制で父母の関わり最低限に」

交流の頻度　　：★★★★☆
親同士の関係性：★★☆☆☆

【親の構成】同居親／母親、別居親／父親
【子どもの年齢・性別】小学校高学年長男

【別居・離婚歴】離婚2年
【交流頻度】毎週末宿泊
【連絡方法】父子間でLINE、必要に応じて父母間でLINE
【実践方法】
平日は母親と暮らし、毎週末サッカーの練習に合わせて子どもが父親の家へ。徒歩圏内の近所に住むため子どもひとりで移動が可能。サッカー関連のスケジュールの管理や保護者同士のやりとりなどすべて父親が担当。日々の育児は完全に母親が担当し土日に学校行事があれば声をかけ別々に参加。土曜の練習が朝早い時には金曜の夜から父親宅に泊まることもある。サッカー関連の荷物は父親宅にあるので荷物の移動はほぼなし。
父親自身は、子どもの予定にすべて合わせるのではなく、自分のプライベートも充実させ、土日に新しいパートナーが家に来る日には子どもも一緒に過ごすこともある。
【経緯】
母親が子どもを連れて別居、居場所がわからない状態で子どもと会えない期間があり父親が面会交流調停を申立。月1回の取り決めとともに離婚成立。離婚当初は場所も時間も限られた交流を行っていたが、子どものサッカーの練習が忙しくなり、離婚前からコーチをしていた父親の方が練習に参加できることから、徐々に練習日は父親が面倒を見るようにスライドしていく。父親は離婚前の自宅に住み続けているので、子どもとしては実家に帰るようなイメージ。
今は取り決めなど全く念頭になく、サッカーの予定次第で子どもが移動する。試合を見に母親が来たり、学校行事に父親が見に行くこともあるが、父母が一緒に行動することはない。

また、サッカーの予定を優先しつつも父親自身が趣味を楽しんだり、第二の人生に向けてパートナーと過ごす時間や交友関係も大切にしているため、土日すべてを子どもに捧げるのではなくバランスを保っている。子どもにパートナーを紹介済みで、土日の夕飯などは一緒に食べることもある。

＊実践のポイントや考察

💡子育て以外に自分の人生を楽しむ父親の背中を子どもは見ている

離婚前からサッカーのコーチという父親にしかできない役割があったこと、サッカーを通して父子関係が強固であること、母親もそのことについては父親への信頼があるため一任していることが完全分担制でうまく共同養育できているポイントです。

また、調停の最中には、父親は子どもと会えることを第一とし、母親を責め立てたり批判したりしなかったので、母親としても、夫婦としてはＮＧでも離婚後親同士として関わっていくことへの不安は解消されていたのもよかったのでしょう。

もし父親が、「交流の頻度をもっと増やすまで離婚しない」「親権者は自分の方がふさわしい」「連れ去りは誘拐だ」といった発言を母親に投げつけていたことを想像すると、母親は関わることにネガティブになっていた可能性も大きいですね。

離婚後、父親が子どもにだけ執着するのではなく自分の人生を謳歌している様子は、子どもにとってもプラス面が大きいです。子どもは成長するにつれサッカー以外で土日忙しくなることもありますし、父親よりも友だちを優先したくなる時期も来るでしょう。そんなときに、「父親のところへ行かなくてはいけない」というプレッシャーがなくて済みます。離婚しても人生を立て直すことができる背中を見せることで、子どもが父親を心配する必要はなくなりますし、また、父親への尊敬の想いを感じることもできるのではないでしょうか。

⑳「相手と関わりたくないから共同養育に後ろ向きな父親 × 共同養育したい母親」

交流の頻度　：★★★★☆
親同士の関係性　：★★☆☆☆

【親の構成】同居親／母親、別居親／父親
【子どもの年齢・性別】未就学児長男
【別居・離婚歴】別居4年
【交流頻度】週1回保育園迎え、土日宿泊
【連絡方法】事務的連絡は直接メール、調整が必要なことは連絡仲介支援を利用
【実践方法】
細かい取り決めはなく、週1回曜日固定で保育園に父親が迎えに行き父親宅で食事とお風呂を済ませた後、子どもを母親宅に送り届ける。週末は父親宅に宿泊。
父親と母方の両親は関係が良いため、父親が子どもを連れて、母親抜きで母親の実家に行くこともある。
子どもが望む時には父母子3人で旅行に行くこともある。
交流における日程や場所のやりとりは父母で行うが、変更事項や提案事項など意見の相違がありえるようなことについては支援者を交えカップルカウンセリングを行うことを徹底している。
【経緯】

離婚したい父親に対して修復していきたい母親。父親が家を出て同じ沿線で数駅離れたところで別居中である。離婚の協議は棚上げ状態となっている。

父親は、子どものことは好きだが母親と関わりたくないあまりに共同養育に後ろ向きな傾向があった。別居しても子どもと関わってほしい母親は、父親が自宅に来やすいように、来る時には自分が家を空けるなど提案するが、父親は母親の生活を感じる空間に行きたくないと子どもに会うことを渋るようになった。

父親と会いたがっている子どもの意向を母親から知らされ、交流を再開した。できるだけ父母でのやりとりが少なく済むように、保育園の送迎の曜日や土日の交流時間を固定。父親が子どもの送迎をするが父母間は事務的な会話のみで済ます。

突発的に、子どもが「旅行に行きたい」と言い出したり、イレギュラーな出来事があった時には、父母で話すことは避け、支援者を交えてカップルカウンセリングを実施することを父母ともに合意している。

旅行の際は、お互いの生活に踏み込んだ会話をしない、2部屋ある広い部屋で宿泊することをカップルカウンセリングで約束し、3人で旅行も実施した。

＊実践のポイントや考察

事務的なやりとり以外は支援利用を徹底

共同養育したい母親と共同養育に後ろ向きな父親の構図の場合は、父親が子どもと関わりやすい環境を整え、自由に育児しやすいように、母親があれこれ口出ししたりせず父親にとって存在を感じさせないことに徹することがポイントです。

たとえ、ゲームを長時間してしまったり、食事も栄養バランスが悪かったりしたとしても多少は目を瞑るように心がける。父親側はこれまで同居中に母親からあれこれ指図されたことにこりごりしていることもあるので、別居したことにより母親に変化が見られれば、親同士として今後もやっていけるとイメージがつきやすくなり、共同養育に前向きになっていきます。

また、「保育園のお迎えも増やしてもらいたい」などといった、これまでのルーティンからの変更の提案は、直接要望を伝えるのではなく、カップルカウンセリングで中立な第三者がいるときに提案することを徹底していることでもめずに済んでいます。

一方が離婚の意志が固いときには、なんとか復縁しようと距離感を詰めるのではなく、むしろ距離感を保つことで、相手が安心してやりとりできる環境を整えると共同養育が進みやすくなります。

今後、棚上げになっている離婚協議がいつ始まるのか、母親としては気が気ではない状況ではありますが、親同士としての関わりをいかに円満に保てるかに注力することがポイントになります。

㉑「別れたことでワンオペ育児から解放　週末は父親が育児分担」

交流の頻度　：★★★★☆
親同士の関係性　：★★☆☆☆

【親の構成】同居親／母親、別居親／父親
【子どもの年齢・性別】小学校高学年長女、小学校中学年長男
【別居・離婚歴】離婚2年
【交流頻度】月3～4回程度宿泊または日帰り、長期休暇は都度相談

【連絡方法】父母間でLINE

【実践方法】

原則毎週末宿泊の予定だが、父親や子どもの都合で月3回になったり日帰りのみになることもある。長期休暇は父母それぞれの仕事の予定によって調整し、可能な限り半々で育児ができるように調整する。最近は、父親の都合で交流の頻度が減りがち。

【経緯】

本人同士での話し合いで協議離婚。同居中は家事育児すべて母親が負担していた。父親は仕事一筋で家庭を顧みないタイプだったが、離婚して子どもと離れて暮らすと一転、子どもと関わりたいと意志表示をするようになり、仕事より子どもとの時間を優先するようになった。

子どもたちは、離婚してからの方が父親が関わってくれるようになったのでそれはそれで嬉しそうな様子である。

現在、平日は母親、週末は父親と分担しているものの、離婚後子どもと関わることに慣れて落ち着いてくると、仕事の都合などで父親の分担頻度が下がるようになってきた。

長期休暇も父母で調整する前に、父親が自身の旅行の予定を入れてしまうなど、結婚していた頃の本質的な部分は変わっていないことが垣間見える機会が増え、母親は「もっと子どもの面倒を見てほしい」と不満に思い始めている。

ただ、話し合いをすると結婚生活の当時のようにもめるのが目に見えていて育児のモチベーションが下がる懸念があるので、子どもを主語に、子どもが父親と会いたがっていることを伝えるように気をつけている。

＊実践のポイントや考察

💡子どもが父親を必要としていることを伝え続ける

共同養育したい母親対自分の予定を優先する父親の場合、離婚当初は危機感もあり子ども優先にしていたが、徐々にいつでも会えると思うといつでも会わなくなりがちなので、子どもが父親を必要としていることを継続的に伝えていくにかぎります。

母親の都合で子どもを押し付けていると思われてしまうと、一気に拒んでくるので、たとえ本当は自分が遊びに行きたいから父親に頼みたいという本心があったとしても、自己都合であることはできるかぎり伝えない方がベターです。

また、育児を押し付け合っていることを子どもは感じ取るものです。「パパもママも忙しくて一緒にいたくないの？　わたしは邪魔なの？」と寂しい思いをしかねません。

父母お互いの都合で予定を変えることはやむなしですが、原則の約束を守ることが当然であり、よっぽどのことがないかぎり変更しないとして腹をくってしまえば、子どもの押し付け合いが軽減されますね。なにより子どもにとっても約束どおり実施されることは安心感に繋がります。

また、元夫婦で親同士とはいえ、相手には相手の都合があるので、変更する際には早めに伝えるようにしましょう。とはいえ、急な病気などの時には助け合える関係にするためにも、相手が困っている際には先に助け舟を出せるとなおよいですね。

㉒「高頻度な交流のコツは、相手の育児に目をつぶり口を挟まないスルー力！」

交流の頻度　：★★★★☆
親同士の関係性　：★★☆☆☆

【親の構成】同居親／母親、別居親／父親
【子どもの年齢・性別】未就学児長女
【別居・離婚歴】別居3年
【交流頻度】週1回保育園送り、週2回保育園お迎え、月2回日帰り、月1回宿泊
【連絡方法】父母間でＬＩＮＥ

【実践方法】

子どもは母親側の実家に同居。父親は車で20分ほどの距離に住んでおり、仕事前に週1回保育園へ送り、週2回はお迎えを行う。送迎の際に母親と顔を合わせることはほとんどなく、緊急の連絡は直接ＬＩＮＥでやりとりを行う。

保育園の送迎は曜日は原則を決めつつも、やむを得ず仕事で行けない時には早めに母親へ伝え、中止ないしは他の曜日に変更する。

月2回土曜は、朝9時から夕飯を済ませ20時まで父親が預かる。父親が車で迎えに行き、子どもが行きたいところへ遊びに行く。

月1回は土日で宿泊。遠出してホテルに宿泊することもあれば父親宅で過ごすこともある。

【経緯】

父母ともに離婚には合意しているものの、お互い親権をゆずれないため別居のまま保留状態。共同親権になったら離婚することで合意している。

別居中の共同養育計画を本人同士で作成する。当初は母子分離が困難だったため宿泊はなかったが、子どもの成長に合わせて宿泊を実施。行き先やなにをするかはお任せ。

コロナ禍で保育園が休園になった際などは、急遽平日日中は自営の父親が育児をすることもある。

父母ともに共同養育には前向きだが、父母のコミュニケーションは円滑ではなく、交流頻度が多いからこそ摩擦が起きる回数も多い。特に保育園への送りの時間に遅れたり突然の日程変更などスケジュールに影響が及ぶ面でのトラブルが多め。

摩擦が起きると、母親「こんなに会わせているのに」対父親「半々の共同監護にすべきだ」が勃発するので、事務的要件のみのやりとりを心がけている。

＊実践のポイントや考察

相手が子どもと過ごす時間に自分の価値観を押し付けない

相手の育児のやり方に口出しをせず、危険が及ばないことについては見なかったことにするというスルー力に尽きます。別居初期は子どもがまだ小さかったこともあり、甘い飲み物を飲ませすぎだ、トイレに全然連れて行っていないなどなど、相手のやり方一つひとつが気に入らない、納得いかない点が多く、遊びに行く場所、遊び方、食べるもの、着替えなどすべてにおいて自分のやり方を相手にも求めていた母親でしたが、怪我など身体に影響が及ぶものでないかぎりは大目に見て目をつぶるようになってからはストレスが軽減されました。

一方で、あれこれ文句を言われ不快に思っていた父親側も、母親にクレームをつけられないために極力なにをしたかなど報告しなかったり、育児の方法がわからない時にも母親を頼ることができませんでしたが、自分のやり方に口出しされない＝認められていると思えるようになってからは、わからないことを母親に聞く姿勢を持つことができるようになりました。

この循環を繰り返すことでお互い相手への不信や不満が減り、父親と母親としての立場を尊重できるようになれるのですね。

ただし、気をつけたいのが、円滑に親同士の協力体制をつくれたからといって、仲良くなったわけではないということ。ちょっとでも相手への配慮を怠り相手を変えようとする発言をした途端に関係がガラスのように壊れてしまう危険性があります。ＬＩＮＥひとつでも言葉一つひとつを一呼吸おいてから送るように心がけていきましょう。

そもそも、よく考えれば、保育園の送迎をもっとやりたい、と言ってくれる父親はある意味貴重な存在です。たとえ至らない点が多かったとしても感謝を伝え続けることがマイナスに働くことはありません。

㉓「母子をサポートするのが父親、父子をサポートするのが母親」

交流の頻度　：★★★☆
親同士の関係性　：★★★★☆

【親の構成】同居親／母親、別居親／父親
【子どもの年齢・性別】小学校中学年長女
【別居・離婚歴】離婚３年

【交流頻度】月3回程度土日宿泊または日帰り
【連絡方法】父母間でLINE、父子間でキッズ携帯
【実践方法】

取り決めは月4回程度。別居後から毎週末日帰りで近所に住む父親の家に行く。途中から毎週末泊まりになったが、父親側も自由な週末がほしいとのことで、3回程度になった。

その後は決め事をせずに、週末に父親がOKな日に子どもが泊まりに行く。現在は子どもが自分のスケジュールを管理できるようになったため、自分の意向で行きたいときに父親にキッズ携帯で連絡してアポイントを取る。母親に他に予定があるか確認後アポ決定。事後的に母に報告という流れで日程が決まっている。

学校行事などは父母同伴で参加。3人で食事をすることもあるが、会話は子ども中心のことに徹する。

【経緯】

夫婦の価値観の違いから別居を経て協議離婚。母親は離婚したらひとり親という固定観念があったため、「子どもが父親のことを思い出すとかわいそうだから会わせない方がよいのではないか」「父親の家に行かせることや父親の義父母に会わせていいのか」と悩んでいたが、いつでも自由に制限なく会える環境があれば寂しい思いをしないということに気づき共同養育を実践することになった。

子どもも来週また父親と会えるとわかると別れ際も寂しがることなく次回を楽しみにしている。

母親の都合で子どもを預けたいというスタンスが垣間見れると後ろ向きになりやすい父親だが、子どもが直接連絡をして「パパのところへ行きたい」と伝えると受け入れやすい。

時折母親と子どもが口喧嘩をしたりすると、子どもはすぐに父親へ連絡し避難することもある。

母親は心配性なところもあるため、これから先子どもの進路など大事な場面では父親の意見も反映したいと

考えていたり、「父親だったらどんな選択をするか」を念頭に入れながら考えている。

子どもは親の離婚を受け入れていて、離婚家庭の友だちとも堂々と「パパとママは離婚して離れて暮らしていてパパとは毎週会っている」と話している。

＊実践のポイントや考察

💡大事なことは相談できる、相談してくれるという信頼関係を築く

母親が心配性なのが功を奏し、自身の主張を押し付けることがなく、さまざまな価値観に触れて子どもが選べばいいというスタンスで、父子の意向に任せているためスムーズな共同養育が実践できています。

また、母親が子どもの進路など人生の岐路となるような大事な選択について自分の判断が子どもに影響することに不安があるため、共同で決断して責任を一緒に持ってもらいたいという思いがあり、随時父親へ相談し、その結果として、会うだけではなく子どもの養育方針についても協力できているのもよいですね。

一方で、父親も母親の監護には絶対的な信頼を寄せていることから、母親の育児に対して口出しすることは一切なく、「母子の関係をサポートするのが父親、父子の関係をサポートするのが母親」という感覚がお互いで成り立っています。

子ども本人の選択に任せる＝本人に決めさせることになるので、本人の意向次第では急に父親のところに行かないということにもなりうるため、母親自身の予定を組みにくくなるというデメリットはあります。

共同養育に対してはコミットしている親同士なので、子どもを相手に押し付けている感が子どもに伝わらないようにすることが大事ですね。

㉔「週末、父子が暮らす家へ母が行き3人で過ごす共同養育」

交流の頻度　：★★★★☆
親同士の関係性　：★★★★☆

【親の構成】同居親／父親、別居親／母親
【子どもの年齢・性別】小学校低学年長女
【別居・離婚歴】離婚3年
【交流頻度】原則毎週末宿泊
【連絡方法】父母間でＬＩＮＥ
【実践方法】

原則毎週末、父子が暮らす父親方の実家へ母親が訪問し宿泊を実施。別居当初は、母親宅は手狭だったため母親宅での交流はなかったが、広い部屋に引っ越し、かつ子どもが小学生になったタイミングで母親宅での交流もスタートした。

ただし、子どもは父母子で過ごすことを望んでおり、父親が母親宅で過ごすことはないので、結果として父親側の実家で過ごすことがメインとなっている。

園や学校行事には両親で参加し、３人で外出などもする。会っていない時は父親は子どもの様子を適宜動画や写真で母親とシェアする。

【経緯】

別居当初は、母親に懐かれる危機感や別れ際に子どもに寂しい思いをさせたくないという思いから、母子の交流に後ろ向きだった父親だったが、頻繁に会うことで子どもの気持ちが落ち着くことに気づき、原則毎週末宿泊で母親も一緒に過ごすことを実施。

父親の両親（祖父母）が「なぜ離婚した嫁を泊めなくてはいけないのか」というスタンスだったが、子ども（孫）が喜ぶ姿を見て受け入れるようになる。

現在は母親にはパートナーがいるが、子どもと会わせることはなく、子どもとの時間と自分の時間を切り分け過ごしている。

＊実践のポイントや考察

父子の生活リズムを崩さずに母親がジョインする

「子どもが寂しい思いをしないために」を第一に、母親と過ごす頻度や会い方を軌道修正しながら決めていったこと、そして話し合いができたことがポイントです。

また、別居親である母親のスタンスとして、父子の生活リズムを優先し、無理強いをせず父親の意向を母親が尊重することを徹底していることで、父親も育児のペースを乱されることなく、母親に参加してもらいやすくなっていますね。

仮に、〝ふたりの子どもなのだからフェアに意見を出し合って当然〟というスタンスであったら、育児方針の違いなどから結婚生活同様にもめてしまいがちです。母親が父親に一任する勇気がもめない秘訣となっています。

現状では、父親がフリーな時間が全くないので、徐々に母親宅で過ごす時間を増やし、父親も時に育児から解放され自由な時間を過ごせると、子どものためはもちろんですが、父親自身も共同養育によって楽になり、長続きしやすくなりますね。

㉕「事実婚だって関係ない、子どもが父親に愛され続けてほしい」

交流の頻度　：★★★★☆
親同士の関係性　：★★★★☆

【親の構成】同居親／母親、別居親／父親
【子どもの年齢・性別】小学校中学年長女
【別居・離婚歴】事実婚解消1年
【交流頻度】毎週末日帰り、長期休暇は宿泊
【連絡方法】父母間でＬＩＮＥ
【実践方法】
毎週日曜に日帰り。宿泊は長期休暇期間に実施している。行きは、母親が父親宅の近所に子どもを連れていき、帰りは父親が母子宅まで送り届ける。行き先は自由。父親から特に報告はないが子どもが母親に報告する。
【経緯】
事実婚なので法的な離婚という概念はないが、本人同士で話し合い事実婚を解消した。
同居中もいわゆる夫婦ではなくパートナーといった感覚だったが、親子は親子。子どもにとって実の父親であることは変わりないのでごく自然に親子交流を実施できた。特に取り決めはないが、土曜が父親が仕事のため宿泊はできず日曜日帰り。夏休みなど長期休暇は父母の仕事の予定に合わせて父親宅で宿泊の日数が増える

こともある。

争って別れたわけではなく、パートナー解消という感覚なので、今でも父母関係は良好で親友のような子育てのパートナーといった存在。一緒に学校行事も行くし食事もする。都度連絡を取り合える関係である。子育てにもっともっと関わってくれたら嬉しいと母親は思っているが無理強いはしない。

＊実践のポイントや考察

💡同居中から父子関係の絆を深める

事実婚の場合、法的な離婚事由も不要であり、親権争いもないので、法律婚よりももめにくく親同士としての関係を再構築しやすいのが特徴です。

一方で、親である意識が低いという場合、解消後子どもと会わないというケースも考えられますので、関係解消前にいかに子どもとの関わりが濃厚だったかによってその後の交流頻度なども変わってきますね。

事実婚の場合には、親としての自覚を持ち続けてもらえるために、相手の性格を見極め、同居中も子どもと父親ふたりだけの時間を設けるなど母親を経由しない、父子関係を築いてもらうようにしておくと、万が一事実婚が解消になった場合にも子どもとの交流に積極的になりやすいので、同居中から積極的に子どもに関わるよう促すことがポイントです。

㉖「父母がそれぞれ家を借りて、交代で子どもの家へ行く共同養育を実践」

交流の頻度　　：★★★★★
親同士の関係性：★★☆☆☆

【親の構成】同居親／母親、別居親／父親
【子どもの年齢・性別】高校生長女、小学校高学年長男、未就学児次女
【別居・離婚歴】離婚3年
【交流頻度】ほぼ半々
【連絡方法】スケジュール調整アプリ（TimeTree）
【実践方法】

3人の子どもはもともと住んでいた自宅に残り、父母がそれぞれ近所に個別の部屋を借りて父母が自宅に出入りする。

父母がそれぞれ自宅に来る日をスケジュール調整アプリ（TimeTree）に予定が重ならないように入力する。子どももアプリの内容を見れるようにしており、いつ父母のどちらが来るかはアプリを見て把握する。だいたい半々になるようなイメージ。

父母のやりとりはアプリのみで、補足事項もアプリ内のメッセージ機能を利用している。

学校や園行事は別々に参加する。学校のお知らせは、子どもの自宅に常時置いてあるので、それぞれが見て

把握している。

【経緯】

離婚は母親が望んでいたことだが、子どもが多いため、離婚しても片方の親が育児をするという発想はもともとなく育児分担を目指していた。共同養育がスムーズにできるならと父親も離婚に合意。共同養育の具体的な方法や養育費についての話し合いをADR調停で協議する。親権は、お互い共同親権を望んでいたが、単独親権の法制度のため、父親が親権者となる。

どちらかがメインで子どもたちを引き取るのではなく、子どもたちの住まいは変えずに父母双方が家を出て近所に部屋を借りる形で共同養育をスタートした。

養育費については、どちらかがどちらに払うという概念はなく、子どもの養育用の口座にお互いが入金する方法をとる。金額は収入で按分《あんぶん》とするが両者ほぼ同じくらいの収入だったため同額を毎月入金し、お互い使途がわかるようにする。

子どもたちには両親そろって話をする。特に長女には不安がないように詳しく共同養育の方法も伝える。現状、頻繁なやり取りも不要でカレンダーひとつで分担が実現できている。

＊実践のポイントや考察

💡「子どもの環境を変えない」を徹底した画期的なスタイル

子どもが自宅に残り父母がそれぞれ住まいを構える。この共同養育のやり方は、経済的に実現可能なのであれば、子どもの環境を変えないということを第一に考えられた斬新かつ子どもに負担のない最適解な方法ですね。

どちらかの親がメインでもう片方がサポートという体制ではなく、完全に自分が自宅に行く日は自分のみで家事育児仕事をも回すという分担です。

同居中は育児家事ともに母親がメインで父親はサポートだったため、父親は離婚後の方が家事育児力が上がり、育児と家事の大変さをあらためて痛感するよい機会となっていることでしょう。

スケジュール調整ややりとりがアプリ内で完結していること、また、子どもも見ている手前上、やりとりが悪化することを防ぐことができるのもよいですね。

もともと住んでいた自宅であれば勝手もわかるし子どもにとっても負担がなく、トラブルも起きにくいため、「とにかく夫と関わりたくないが育児は半分分担してほしい」という思いの人にとっては、経済的に許されるのであれば、この「両親が入れ替えで通う」という方法は画期的。選択肢に入れるのは大いにアリですね。

㉗「週交代で完全育児分担　離婚は共同親権になるまで待つ」

交流の頻度　　：★★★★★
親同士の関係性：★★☆☆☆

【親の構成】同居親／母親、別居親／父親
【子どもの年齢・性別】未就学児長男
【別居・離婚歴】別居半年
【交流頻度】毎週交代
【連絡方法】父母間でＬＩＮＥ

【実践方法】

原則毎週交代だが、父親の仕事の予定なども考慮し、毎月半分ずつになるようルールを細かく決めずにやりとりしながらスケジュールを決める。

母子は母親の実家に住んでおり、同居中住んでいた夫の自宅とは徒歩圏内。

父親は自宅でリモートワークをしながら保育園の送迎や家事育児を行う。母親側は出勤のため両親の世話になることもある。

子どもの荷物は両方で準備するのではなく、子どものグッズ一式をその都度車で移動する。父母間は関わらないで済むならば関わりたくないというスタンスのため3人で過ごすことはない。

【経緯】

当事者間の協議で別居スタート。当初は共同養育という考え方は知らなかったが、両者がともに育児には相手が不可欠だと認識し、離婚を見据えて妻が実家に子どもを連れて出る形で別居スタートとなった。

子どものことでの事務連絡は同居中からすでに行っており、もめることはなく荷物の管理などもお互いができるのでトラブルにはならない。

一番難しいのはスケジュールの調整であった。原則毎週交代でしっかり分担していきたいところだが、特に母親が仕事で家をあけることもあるので、母親側からの急な変更依頼が多く父親側に不満がたまるなど、スケジュール調整が一番苦労しもめやすい。

離婚は両者合意しているのだが、親権がなくなることについては両者譲ることができないため、共同親権導入までは別居生活を継続する。法改正があり共同親権を選択できるようになればお互い親権を持って離婚予定。

＊実践のポイントや考察

💡家庭内別居状態で育児分担をしていた夫婦は共同養育に移行しやすい

同居中も日頃から夫婦不仲で事務的に連絡を取り合いながら育児や家事を分担をしていたような夫婦においては、別居による共同養育は、すでにやっていたことの延長線であり、お互い育児スキルがあるためハードルが低く実践しやすいのが特徴です。

スケジュールを固定にして、どうしても自分が面倒見れない時には、相手を頼るのもひとつですが、無理に引き受けてもらうようなのであれば、シッターサービスを利用するなど相手を頼らない選択肢を持てるとベターですね。

また、共同親権になるなら離婚に合意するという思いについては、半々で育児をしていればしているほど、単独親権下で離婚すると自分が親権者ではなくなる可能性があることに違和感や懸念を示すことも多く気持ちもわかるところです。お互い監護もしているわけですから、親権と監護権を分属するというのもイメージがわきづらいことでしょう。

このような夫婦においては、共同親権を選択できるよう法制度が整えられることが望ましいですね。

㉘「離婚後も期間限定同居生活！ お互い干渉せず親同士として協力体制」

交流の頻度　：★★★★★
親同士の関係性　：★★☆☆☆

【親の構成】同居親／母親、別居親／父親

【子どもの年齢・性別】小学校高学年長男
【別居・離婚歴】離婚半年
【交流頻度】同居のため頻度の概念なし
【連絡方法】父母間で対面やLINE
【実践方法】

離婚後も同居を続けるので今まで同様の育児分担を継続している。具体的には、お互い仕事の繁忙期には育児も家事も1日ごとに分担し、相手に完全にお任せし仕事に没頭する。割合的には60%母親、40%父親である。離婚前も育児分担についてはもめずにスムーズにやってこれたので、離婚したからといって変えることなく実践している。

【経緯】

コミュニケーション不足などにより家庭内別居が長く続きお互い改善するつもりもない。夫婦であり続けることに限界を感じ、母親が先に離婚を切り出すも夫は反対。徐々に、共同養育できるならばと離婚を視野に入れるようになる。

さらには、親権監護権は父親が持つことを母親が提案してきたことで、子どもとの関係が途切れることはないと安心し、父親も離婚を決意した。

母親としては、離婚しようとも親子の絆が壊されることはないという確信と相手への信用も持っているので、親権は父親に任せてもいいという気持ちになれた。また、お互いどちらかだけが親ということではなく、今後も親権の所在にかかわらず両親として子育てに関わることにはコミットできている。

子どもの環境を変えたくないので、子どもが中学を卒業するまで5年間は離婚後も同居を続け、卒業した後は父親が家を出て近隣に住む予定である。離婚の際に、別居後の共同養育についても取り決め済みで、子どもが両親の家を自由に行き来する合意書を締結している。

同居していても内縁関係ではないので、相手のプライベートは詮索しない。お互いパートナーがいてもＯＫ。

子どもへは、父母は離婚するが中学卒業までは同居することを伝えている。

＊実践のポイントや考察

💡新しい家族のカタチ　子どものケアを万全に

どうしても離婚したい母親が決断した「親権を父親に任せる」ということ。これにより、離婚の決意が固いのと同時に、離婚してすべてを奪い取ろうとするつもりはなく、子育ては変わらず両親としてともに協力していきたいという覚悟を持った意志表示となり、父親に伝わったことで離婚への一歩が進みました。

さらには、離婚後も子どもの環境を変えないためにと、引き続き同居するという斬新な決断。子どもにとっては両親が一緒に暮らし続けてくれることでの安心感がありながらも、５年後の離婚に向け不安を抱えているかもしれません。

親としては状況に整理がついていたとしても、折り合いがつかないのは子どもの心境でしょう。説明を受けて「わかった」と言ったとしても、本心ではこの中途半端な状況がこれから5年続くことや、両親が離婚しているけど、はたから見たら離婚しているように見えないので、友だちに言うこともできないですし、理解者がおらず、自分の心の中にしまっておくしかないという状況になってしまっていることも考えられます。

子どもは、親に心配かけないように理解した顔をしているかもしれませんが、親ほど状況を整理して落とし込めているわけではないはずです。子どもの気持ちへのケアを随時していくことが大切ですね。

子どものために5年と決めたものの、5年ありきではなく生活をしていく中で、この期日にしばられることなく柔軟に検討していけるとよいですね。

㉙「調停で争ったのちに近所に暮らし、子どもだけではなく母親も父親宅で食事をする関係に」

交流の頻度　：★★★★★
親同士の関係性　：★★★★☆

【親の構成】同居親／母親、別居親／父親
【子どもの年齢・性別】小学校高学年長男、小学校低学年長女
【別居・離婚歴】離婚4年
【交流頻度】月1回→取り決めなしで自由
【連絡方法】子どもが直接来る、父母間でLINE
【実践方法】

徒歩圏内に住んでいるため、母親宅を居住の拠点としながらも、学校帰りに子どもが父親宅に寄ったり自由に行き来している。

母親が仕事で遅い日などは父親宅で子どもたちは食事を済ませ、さらには母親が父親宅に来て一緒に食事をすることも。母親だけ先に帰り、父親が子どもたちをお風呂に入れて後から子どもたちが母親宅に戻るなど臨機応変に過ごしている。

子どもの誕生日やクリスマスなどイベントは4人で過ごすこともあれば、それぞれでお祝いすることもある。

【経緯】

住所秘匿状態での別居になり調停離婚。子どもの居場所もわからず父子の交流ができない時期が数カ月あり、怒りで母親を責め立てていた時期もあったが、争うことを手放し父親が離婚を受け入れたところ、母子が近所に戻ってきて共同養育がスタートした。

面会交流調停もして月1回という取り決めがあるが、取り決め度外視で、子どもが父親宅へ行き来し始める。母親は育児分担できることにメリットを感じ、仕事やプライベートの予定があるときには父親に育児を頼むようになり、父親が受け入れることでやりとりがスムーズになりわだかまりが解消していった。お互いあらたなパートナーとのつきあいなどは自由で干渉なし。

＊実践のポイントや考察

争いを手放したことで手に入れた自由な共同養育

子どもに会えないことでの怒りを母親にぶつけることをやめ、母親のこれまでの同居生活中の不満を理解し、離婚を受け入れたことから快方に向かったケースです。

母親はひとりで育児も仕事もするのはしんどく、実は育児分担してもらいたいという思いがありながらも、調停の流れで「離婚するまで会わせない」としていましたが、本心としては会わせたくないわけではなく、父親と関わりたくない、とにかく離婚したいという思いがあったため、自身の意向を汲んでもらえたら、父子の交流への抵抗もなくなり、であれば近くに住んだ方がよいと、利便性を優先したことで頻回な共同養育が実践できています。

父親も突然育児を任されたり、母親が自宅に入ってきたりすることを可能な限り受け入れるようにしていることにより、母親も父親を頼りやすくなっていますね。

㉚「親のわだかまりが一気に解消！子どもの受験で父母が結束し風通しのよい関係に」

交流の頻度　：★★★★★
親同士の関係性　：★★★★☆

【親の構成】同居親／父親、別居親／母親
【子どもの年齢・性別】小学校高学年長男、小学校低学年長女
【別居・離婚歴】離婚4年
【交流頻度】原則金土宿泊＋臨機応変に都度調整
【連絡方法】父母間でＬＩＮＥや電話
【実践方法】
金土の宿泊を原則としつつ、父が出張で家を空けるときには母が父子の家に行き食事の支度をしたり子どもの世話をするなど、取り決めの頻度などを越えて、子どもが不便のないように父母で協力する体制を築き自由な共同養育を行っている。
子どもの受験においては、塾や学校の説明会は父がメインに、塾の送迎は母がメインに行い父母でサポートし、学校選びは子どもに任せる。
【経緯】
協議離婚を経て毎週末母親と過ごす取り決めで親子交流をスタート。親同士は直接やりとりするがショート

メールで敬語口調だった。長女が中学受験と思春期が重なり、精神的に不安定になったり父親と口を聞かなくなったりする時期もあった。

また、塾弁をつくって塾に持っていくことが仕事の都合で難しい父親が母親へ状況を吐露するようになり、母親が父親をサポートする構図ができあがると関係が一気に軟化した。現在は親同士も自由に行き来する共同養育を実践するようになった。

受験を機に父母で話す機会が増え、子どもにとって大事なのは父母が争わないことだとお互いの意見が合致。以来、4人で食事をしたり、父母が普通に会話をしている姿を見せることで子どもへのダメージを最小限にしたい、両者子どもの唯一無二の父母であることからお互いの存在を大事にしていきたいと考えている。

＊実践のポイントや考察

💡頼られた時に踏み込みすぎずサポート役に徹することでまた頼られやすくなる

同居親が別居親を頼れる関係をつくること、これに尽きます。特に同居親が父親の場合には、育児のことで母親に聞きたいこともたくさんあることでしょう。意地になったり、聞いたことで育児について非難や助言されたりすることに対してプライドがあって頼れないといったことがありますが、頼ったとしても母親が侵食してこないという安心感が保てれば、わからないことを聞いたり頼ったりできる関係が構築しやすくなります。

これまで関係が悪かったから今更頼みづらいだとか、自分でできるから頼りたくないだとか、今まで大して子育てもしていない人にできるはずがないだとか、不要なプライドで自分自身も、そしてなによりも子どもがつらい思いをしているのであれば、子どもを大事に思う同志として協力要請をあおぐことはオール・ウィンになるんですよね。

そして、別居親も「なにを今更、自分が楽したいだけじゃないの？」というスタンスにならず、素直にサポートすること。子どもと一緒に暮らせていることは幸せであることはもちろんなのですが、大変な思いをしていることも事実です。そのため、ある程度相手を立ててやり方やタイミングは同居親の意向に沿いながら進めていくとうまくいきます。そして、お互いが「ありがとう」「助かった」といった感謝の声がけをするようにしましょう。夫婦の時はできなかったコミュニケーションを親同士と割り切ってとっていくと円滑なやりとりができるようになっていきます。

一方で、子どもの教育方針の違いが原因で離婚している夫婦である場合には、離婚後の共同養育のなかでも意見の相違はありえ、お互いが意見を言い合うともめかねません。

別居親は同居親の意向を尊重し、同居親は別居親とともに考える姿勢を持つこと、そして相手のご機嫌をとるのではなく「子どものため」というベクトルをお互い持つことがポイントですね。

以上、30ケースをご紹介しました。ご自身と似ているケース、やってみようと思えるケースなどありましたでしょうか。

3. まとめ

①連絡方法や住まいのあり方も三者三様

頻度や親同士の関係性のみならず、連絡方法や住まいのあり方についても各ケースによってさまざまありましたね。そこで、よくある方法をまとめておきます。

〈連絡方法〉

・父母が直接やりとりしている（メール、ショートメール、ＬＩＮＥなど）
・子どもを通じてやりとりしている（ＬＩＮＥ、キッズ携帯など）
・アプリを利用している（スケジュール調整アプリなど）
・支援を利用する（連絡仲介、ＬＩＮＥ見守りなど）

〈住まいや過ごし方〉
・遠方に住んでいて、子どもの居住エリアに別居親が来るor同居親が子どもを連れていく
・近隣に住んで、子どもが行き来する
・子どもと同居親が暮らす自宅に別居親が訪れる
・子どもの家があり父母がそれぞれ別宅に暮らす。父母が子どもの家を順番で訪れる
・離婚後も同居し続ける

②最初からうまくいく家庭の方が少ない

どのケースも最初からうまくいっていたわけではなく、父母ともに相手との関わり方などを試行錯誤しながら、各ご家庭にあったやり方を見つけ出しています。頻度が少なく親同士の関わりが少ないところから、頻度が増え親同士の関係もよくなったというケースもあります。また、頻度は少なくても親同士の風通しがよいケースなどもあることから、頻度だけ、親同士の関係どちらかだけで共同養育の質をはかれるものでもないのです。

「親同士の関わり」についてですが、「★★★★★：友だちのように子どものこと以外も話せるし一緒にいて楽しく過ごせる」のご家庭が、りむすびで見ているケースにかぎってではありますが、なかったのも興味深い

ところです。いくら頻繁に会っていたりやりとりをしていたりしていても、夫婦として成り立たなかったふたりが、手放しに居心地がよいほどに仲良くなるというのは奇跡に近いことなんですね。あくまで相手との程よい距離や気遣いがあるからこそ成り立っている関係なのです。逆にいえば、そんなに仲良い関係を目指さなくても共同養育はできますし、ほどよい距離感を保ち続けている方が継続しやすくなります。

また、子どもの成長に応じて頻度も関わり方も変わってくることも大いにあります。つまりは、取り決めありきではなく、父母の関係性および子どもの成長次第で、状況はいくらでも変わっていきます。親の感情で頻度が減ることは望ましくないですが、実際親同士の関係が悪くなったことで頻度が減ってしまうということがあるのも現状です。

つまりは、「頻度」「親同士の関係性」ともに大事ではありますが、とりわけ大事なのが「親同士の関係性」なのです。「親同士の関係性」さえ保てていれば、頻度はいくらでも調整できますし、子どもの成長に合わせて臨機応変に協力体制を築くことができます。

「週何回、月に何回、何時間」といった数字にばかりフォーカスして共同養育計画をつくることに注力しがちですが、取り決めをする時点から、親同士の関係性をつくる前提で話し合うことが大事です。

4.〈付録〉共同養育条項サンプル

離婚をする際には、養育費や財産分与のほかに、子どもの養育方法についても協議書にまとめ、公正証書にすることをお勧めしています。

子どもの養育については、従来、月何回・何時間といった親子交流の取り決めが主流でしたが、共同養育の方法が多様化するに伴い、取り決めも千差万別になってきています。

例えば、子どもを父母が半々で養育する交代監護の条項は、まだ前例が少ないため、弁護士をはじめ司法関係者、またはご自身で協議書をつくられる方の中には、文言を知りたい方もいらっしゃるかと思います。りむすびのADRでは、ご家庭のニーズに合わせた先進的な共同養育の協議のお手伝いをしています。共同親権制度導入前の協議書となりますが、協議書内の共同養育に関する条項のサンプルと担当弁護士から作成のポイントを掲載します。ぜひご参考になさってください。

なお、ADRで作成した合意書を公正証書にする際には、ご本人が公証役場に出向き手続きを行ってもらうのですが、合意書どおりの表現にならない場合もあります。

【父母の家を子どもが行き来する交代監護するケース】（表2）

〈ポイント〉

・親権と日常の監護は必ずしも一致しなくてもよく、日常の監護を交代で平等にやろうとするのに、親権を定めることになんの意味があるのか？ というお二人で、お子さんそれぞれの親権をそれぞれが分けて取る形にしました（もちろん、本来、複数のお子さんで父母で親権を分けることは子どものために必ずしもよいこととは考えられていません。このお二人は、それだけ、「親権を決めることに意味がないはず」という意識が強かったものです）。

・親権をどちらかに定めても、子どもの監護についてはそれぞれが子どもに対して同じように「権利」だけではなく「義務」を負っているのだ、ということを確認しました。

・共同監護を平等の日数負担で行うこと、夫婦双方の収入が均衡していることをとらえ、養育費は当面定めないことにしました。

表２　父母の家を子どもが行き来する交代監護するケースの養育条項例

第○条（離婚の合意・親権者）

1　甲と乙は，甲乙間のＡの親権者を父である甲，Ｂの親権者を母である乙と定めて協議離婚することを合意した。両者は，協議離婚届出用紙に署名押印の上，甲はそれを乙に託し，乙は速やかにその届出をする。

2　当事者らは，前項の親権者の定めは，現在日本においては未だ共同親権制度が導入されていないことに鑑み，離婚に際して父母いずれがいずれの子に対する親権を持つかに関わらず，当事者双方が，子らに対して等しい責任と権利を持つことを趣旨とするものであることを相互に確認する。

3　当事者らは，子らに係る縁組，居住移転，進学その他親権を行使すべき場面においては，その子に親権を有する場合であっても，必ず相手方に相談し協議の上で決定することを互いに約束する。

第○条（監護権及び交代監護）

1　当事者らは，前条の親権の定めにかかわらず，当事者双方は子らに対して婚姻中と同様に等しく監護の権利と義務とを有するものであることを相互に確認する。

2　離婚後も当事者らは互いに近くに居住するものとし，父である甲が毎週○曜日，○曜日，○曜日を，母である乙は毎週○曜日，○曜日，○曜日，○曜日について，それぞれ子らの両方を引取り監護するものとする。監護交代の方法は，当事者双方で協議して定める。

第○条（養育費）

前条の方法での交代監護が継続実施されている限り，当事者らは互いに養育費を請求しない。ただし，私立学校進学又は進学のための通塾等に係る特別費用については，その費用が発生する○カ月程度前までに一方が他方に相談の上，事前に合意できたものについて，当事者折半により負担するものとする。

第○条（財産給付等）

1　子らそれぞれの児童手当については，子ら名義の銀行口座を開設の上，子らそれぞれに入金されるようにしたうえ，甲がＡの，乙がＢの口座を管理するものとする。当事者らは，離婚にあたり，これまでに子らのために支給された児童手当については，経過月数分の相応する金額を子らそれぞれの口座に分配入金する。

2　当事者双方は，前項のほか，互いに財産分与の請求をしない。

3　年金分割は３号分割の方法により行うものとする。

【子どもの家を父母が行き来する交代監護するケース】（表3）

〈ポイント〉

・共同監護は、子が父母の家を行き来する形がほとんどですが、家に子ども達をおいたままで、親が入れ替わる形で共同監護の取り決めをしたものです。維持する家の住宅ローンに加えそれぞれの独居先の維持も必要になります。経済的にはけして楽な方法ではないのですが、子ども達（複数のお子さんがいらっしゃいました）の生活の安定のために、拠点の維持を最優先にしたものです。

・同居時の激しい争いが絶えなかった、ということは双方に認識と反省がありました。家を入れ替わる関係上、どうやっても二人の間の接触が避けられなくなります。そのため、「互いに文句を言わない」ということと、「子供にも適切な接し方をしよう」ということを、あえて厳しめに約束しました。

・共同監護を平等にすると、一方が監護をメインとすることを前提とした裁判所の「標準的養育費算定表」は使えません。本件では、ほぼ平等だが監護の負担に若干の違いがあり、また収入関係も若干の違いがあることなどから、どのように養育費を計算するのか？も議論となりました。この点について確立した実務はありませんが、片方に子どもがいることを前提に収入をもとに標準的な養育費を算定したうえ、担当日数で割り付ける方法や、双方に子どもがいた場合を仮定してそれぞれ計算したうえ、差額を支払う方法、などが考えられるかと思います。

【離婚後同居し監護するケース】（表4）

〈ポイント〉

・離婚後も子どものために一つ屋根の下で暮らそう、というお二人でした。仕事の内容上どうしても母のほ

表3　子どもの家を父母が行き来する交代監護するケースの養育条項例

第○条（監護養育）

1　甲と乙は，子らについて離婚後も甲乙双方に平等な監護養育の権利義務があることを確認する。

2　子らは，引き続き甲乙共有の別紙物件目録記載の物件（以下，「本物件」という。）に居住させるものとし，甲乙それぞれが週のうち3日又は4日程度同物件に滞在することにより交代して監護養育する。具体的な各週の滞在日は，各月の末までに翌月の予定を甲乙で調整し協議する方法により定める。

3　甲及び乙は，子らの監護養育にあたり，子らに対して，暴力，暴言その他子らが精神的苦痛又は肉体的苦痛を感じる行為を行わないことを約束する。

4　甲及び乙は，協力して子らの監護養育に当たるものとし，子らの監護養育方針，費用分担その他一切の事項をめぐり，お互いに暴力，暴言，誹謗中傷等他方当事者に苦痛を与える行為を行わないことを約束する。

5　甲及び乙は，万が一前2項のいずれかに該当する行為を行った当事者は，その行為の以後，本物件に立ち入ることができないことをあらかじめ了承した。

第○条（費用負担）

1　甲及び乙は，以下の銀行口座は婚姻関係解消後も子らの監護の終了まで各口座は両者の共有管理に係るものであることを確認する。

第○条（連絡）

甲及び乙は，互いの連絡先に関し，移転その他による変更があった場合には，丙丁の面会交流に支障のないよう，速やかに他方に連絡することに合意した。

うが子の監護への負担が大きいことなどから、父のほうは母に対して住居費や光熱費の負担を求めないものとしていています。

・離婚したとはいえやはり同居のパートナーの動静は気になるのではないか、ということをお話し合いの中では特に問題としました。離婚後も同居すると決めた以上、それぞれの動静について、互いに口をさしはさまないようにしよう、ということを双方で決意表明したものです。また、このことにより新たな内縁関係が形成されるわけではない（そのため、離婚後の異性との関係の構築はお互いに自由である）ことを確認するためにも、「新しいパートナー」ができる場合があることを明文にして、その場合の取り決めを置きました。

参考資料

1）親子交流支援のイメージがわかる動画はこちらでご覧いただけます。りむすびチャンネル「りむすび親子交流サポート（付き添い）」

表４　離婚後同居し監護するケースの養育条項例

第○条（同居継続の合意）

甲と乙は，離婚後も，当分は子らのために現住所で同居するものとし，親権の所在にかかわらず子らに対して等しく監護の義務と権利を有することを相互に確認する。

第○条（生活費等の分担）

1　甲は，乙の日常の監護の負担が大きいことに鑑み，乙に生活費の負担を求めず，Ｂが大学卒業するなどして独立するときまで，乙に対して引き続き甲の契約するクレジットカード（家族カード）を貸与して乙が使用することを認める。乙は，同カードを子らの養育，生活費のために使うことを約束する。

2　前項のほか，子らの進学先の私立学校の学費の学費については，乙はその金額の○割を負担することを約束し，各年度のはじめに，甲名義の○○銀行にその金額を振り込んで支払う。振込手数料は甲の負担とする。

3　前２項のほか，子らの病気・事故等により特別の出費を要する場合には，その負担につき当事者間で別途協議して定める。

第○条（別居と監護）

乙はＡが高校を卒業する○年○月末をめどに自宅を出るものとし，その後は，子らの監護のため，近所に住まい，子らを訪問する方法で子らの監護にあたるものとする。別居後の訪問による監護の在り方については，当事者双方で協議して定める。

第○条（婚姻解消の趣旨）

甲と乙は，同居の継続にもかかわらず，婚姻の解消がそれぞれの人格の独立を趣旨とするものであることをともに理解し，互いの私的な生活，交友関係等に介入，干渉しないことを互いに約束する。ただし，仮に甲及び乙にそれぞれ新しいパートナーができたときといえども，相手方の了承なく子らに同人を会わせることはしないものとする。

（協力：りむすびADRセンター　水谷江利弁護士）

第7章

こんなときどうする？シチュエーション別Q＆A

Q．共同養育が大切なのは頭ではわかりますが、相手のことが大嫌いです。これからも関わっていくなんて想像ができません。こんな私でも共同養育はできるのでしょうか。

A．はい。できます。共同養育＝仲良くしなくてはいけない、関わらなくてはいけないと思うとストレスですが、顔を合わせなくても共同養育はできますし、連絡を取り合うのもしんどい時には支援を頼る手もあります。相手のことを嫌いなまま共同養育を行っている方々もたくさんいます。

大事なのは、子どもが相手と関わることを制限しようしたり、子どもへ相手の悪口を伝えたりしないこと。子どもが親の顔色を見ずに自由に発言したり行き来できる環境を整えることができれば、共同養育のベースはできているのです。あとは交流の頻度などは家庭によってさまざま。ぜひケースを参考にできそうなことから始めてみてくださいね。

Q．共同養育をしたいのですが、学校や周囲の人たちに「どうして離婚しているのに元夫婦で一緒にいるの？」と言われそうです。どのように説明したらよいでしょうか。

A.「離婚しても子どもにとって両親であることは変わらないですからね！」と堂々と伝えてみましょう。子どもファーストの選択をしたのですから「我が家はこの方針でやっていく」と何ら気後れする必要はありません。周囲の人たちは悪気なく、離婚すると親はひとりになると思い込んでいるだけで、伝えることによって、「そうか、子どもにとっては大事な視点だ」と気づいてもらえるきっかけになりますよ。

そして、万が一その周囲の人ご自身が離婚に迷うなんてことがあったときには、あなたの言葉が真っ先に頭をよぎるでしょう。そうすれば、その先にいるお子さんにとってもダメージが最小限で済みますね。学校なども同様です。先に伝えておけばそういうものかとあっさり理解してくれます。

そして、さらにありがちなのが「そんなに一緒にいるなら復縁しないの？」といった質問。待ってましたとばかりに、「離れたからこそいい親同士の関係を築けている」と答えればOKです。

Q. 離婚して共同養育したいのですが相手にどうやって伝えたら理解してもらえるでしょうか。

A. 共同養育という概念を知らない人もまだまだたくさんいますし、共同というと「仲良く」というイメージがわきやすいからか、そんなことできるはずがないと思う人もいます。

「離婚しても親同士としてこれまで同様お互いが子どもと関わっていく」とシンプルに伝えてみてはいかがでしょうか。そして、具体的なシーンを伝えるとイメージしやすいかもしれません。

たとえば、これまでやっていた育児と同様でよければ、「土日はパパの家で過ごす」とか「保育園のお迎えは何回やってもらう」とか、「進路のことは相談する」とか。そして、離婚した後は元夫婦で関わりを持ちたくないと思っている人に対しては、「直接やりとりしなくてもアプリや連絡仲介の支援を使えばお互いの関わりは最小限で済む」ということも提案できるとよいですね。

相手もどのような役割を持てるのか不安になっているかもしれません。そして、「分担については、ちゃんと話し合って決めたい」と相手の意見を聞く姿勢を伝えることも大事です。

もし、直接話すことが難しい場合には、りむすびの「共同養育のススメ」というリーフレットがありますので渡してみてください[1]。

Q．子どもに離婚することを伝える時にどんなことを気をつけたらよいでしょうか。

A．可能であればおふたり揃ってお子さんに説明してあげることが望ましいですが、難しい場合には父母それぞれが違うことを言わないように気をつけましょう。

また、離婚の理由を詳しく言う必要はありませんが、「パパとママは一緒の家で暮らさない方が仲良くできる」「パパもママもあなたのことを愛していることは変わらない」「離れて暮らしても会える」ということを伝えながら、年齢によっては具体的にどのような方法で共同養育を行うかも説明し、お子さんがイメージできるようにしてあげましょう。子どもは親の不安な気持ちなどを敏感に察知します。愛するお子さんが不安にならないように、説明する時には凛と優しく質問しやすい雰囲気を心がけるとよいですね。

Q．離婚して夫の住まいから遠くに引っ越すのですが共同養育はできますか。

A．遠くに住んでいても共同養育はできます。直接会うことが頻繁にできなかったとしても、今はオンラインツールが多く普及しています。ＬＩＮＥ通話やＺｏｏｍなどを用いて、顔を見ながら交流もできますし、ＬＩＮＥやゲームなどを通してでも関わることはできます。子どもが直接やりとりをできる年齢に満たない場合には、同居親のサポートが必要となりますが、いずれ成長すれば自分で連絡を取れるようになるでしょう。

また、日頃の様子や学校のことなどは、同居親の方が圧倒的に情報量を持っているわけですから、自発的に別居親へ情報共有してあげられるとよいですね。会えるに越したことはありませんが、会えない時間も共同養育の方法はいくらでもあります。

そして、遠くに離れて住みたいというほどであれば、相手と関わりを持ちたくないのかもしれません。大事なのは、親同士が争っている様子を子どもに見せないことです。

直接の関わりが難しければ、初期には支援を入れるなどしてでも、継続的に関わりを持つこと。そして関わりを持つ間に相手と親同士の関係構築につとめることが大事です。

Q．元配偶者の祖父母や親族との交流はどうすればよいですか。

A．離婚しても、子どもにとっておじいちゃんおばあちゃん、親戚の叔父叔母、いとこ、みんな関係は変わりません。実家の集まりに離婚した配偶者は行かなかったとしても、相手に子どもを連れて行ってもらい親戚一同と何も変わらず楽しめばよいだけです。子どもを愛してくれる人はたくさんいるに越したことはありませんよね。祖父母は最初遠慮するかもしれませんので、「離婚は夫婦の問題だけど、孫との関係は変わらず続けてほしい」ということを直接言う機会がなかったとしても、元配偶者に伝えたり子どもに伝えておくようにしましょう。

万が一、祖父母が子どもに対して離婚のことを詮索したりするようなことがあれば、キッパリとそのようなことはしないでほしいということを伝えることも大事です。

子どもが心地よく過ごせるために、周りにいる大人たちが少しずつ譲り合いながら愛情を注いでいきましょう。

参考資料

1）リーフレット「共同養育のススメ」こちらのページからダウンロードできます。

第8章
離婚家庭で育った子ども当事者へのインタビュー

親の離婚を経験し大人になった立場のおふたりの方から、当時をふり返り思いを語っていただきました。離婚後も両親と関わりがあった男性、親同士の争いを目の当たりにしていた男性、それぞれの思いから離婚後の親子関係はどうあるべきかを考えていただく機会になればと思います。

1.「親の離婚は仕方ない。子どもを巻き込まずに幸せになってほしい」

プロフィール
大学生男性。小学生の時に親が離婚。母親のもとで暮らしながら父親と交流を続ける。大学入学を機にひとり暮らしを始める。

■ご両親が離婚した頃のことや、その後のお父様との関わりを教えてください。

小学生の時に突然両親が口論をしていて、その直後に父親が「後悔するぞ」と言いながら家を出ていきました。そのシーンは今でも鮮明に覚えています。つい先日まで運動会も授業参観も一緒に来ていたはずなのに、何が起きたのかさっぱりわかりませんでしたが、これは人生における危機的状況にあるのではないか、と小学生ながらに察知しました。取り残された母親は私に向かって「パパのせいでごめんね」と言っていたので、その場をしのぐために、母親に「ママは悪くないよ」と笑顔で声をかけたのも覚えています。今思い返すと涙ぐましいですね。

その後どうなるのか両親どちらにも聞きづらかったのですが、父親がちょくちょく家に戻ってきて荷物を取りに来たりしていたので、これはもう修復はないのだと、我が家に離婚が訪れた感がありました。母は終始どんよりしたオーラで、正直父がいなくなったことよりも母の重い空気の方がしんどかったです。

父が私を迎えに来ると母親は露骨にいやそうな顔をしていて、家に戻っても一言も父の話をしないのでとりあえず黙っておく、という状況が続いてましたね。

ただ、ある時母が吹っ切れたのか、父親の話をしだすようになってからは、だいぶ家の空気がよくなりました。私はおそるおそる父親の話題をふってみたりして、どこまでがOKでどこからがNGなのかを見極めるようになっていましたね。ある意味、この空気を読む能力は今大人になってすごく生かされています。

今は当然父親と直接やりとりもしますし、いつでも会えるし連絡をとれるから、わざわざ会いたいとかはなく、誕生日とかイベントがあれば会うっていう感じですね。LINEはちょくちょくしてますね。

■ご両親の離婚によって困ったことはありましたか。

引っ越しをするとか環境が変わったわけではないので困ったことは特になかったのですが、とにかく母が笑顔でいるために、反抗もしなかったし勉強もがんばったように記憶しています。あと、困るというか嫌だったのは、母が新しい彼氏を私に会わせようとするのは勘弁してほしかったです。家に入ってほしくなかったし隠しておいてほしかったです。母がご機嫌でいるために会ったことはありますが、さすがに何度も会うのは断りました。大学生になった今なら早く母にも幸せになってもらいたいと思いますが、小学生の男子には酷なことでしたね。父にも言えませんでした。

■友だちと親の離婚のことなど話したりしますか。

自分からはわざわざ話しませんが、小学生の時はきっと母がママ友に伝えたのか、友だちはわかっていたように思います。中学に入ってからも友だちが離婚していたとしても自分からわざわざ言わないですね。一緒に住んでるとか住んでないとか友だちも聞いてこないので、普通に親の話題になれば、父親の話をしたりしています。友だちも授業参観で父のことも母のことも認識しているので、離婚していることは知らないんじゃないかと思います。

子どもとしては隠すわけではないけれど言いたいわけでもないので、親は誰かに聞かれて答えるのは仕方ないけれど自発的に言いふらさないでほしいです。

■お父様と関わり続けていてよかったと思うのはどんなときですか。

関わることがあたりまえなので会えてよかったことはなにか、と考えたこともなかったですが、母は感情的なところがあるので、父も大変だったろうなと、母に対して共感できる仲間という感じでしょうか。あとは、父はとにかくポジティブで悩んでいるところをみたことがないので、いざという時には頼れるだろうなと。ただ、頼ったらいろいろ口に出してきそうなので頼らないようにしています。でも、どこか父親に「すごい」と言わせたい思いもあって、大学生の間に社会的インパクトを与えるなにかをしたいという原動力にもなっています。

もし、関わっていなかったら……という仮説で言うならば、父親の話を友だちの前でできないというのは大きなデメリットですね。関わっていない理由の根源を生み出した親を軽蔑すると思います。父が会おうとしないなら父、母が会わせようとしなかったならば母は最低だなと思いますね。自分の都合で子どもを巻き込まないでほしいです。

■離婚を考えている親は子どものためにどのようなことを心得るとよいでしょうか。

子どもの年齢にもよるとは思いますが、きちんと説明をしてほしいですね。今どのようなフェーズで今後どうなっていくのかといったことを、感情ではなく事実をちゃんと伝えるべきだと思います。あともし引っ越しとかが必要になるのであれば意向を聞いてほしいです。

子どもはもちろん両親が仲良くいてくれることを願うけれど、仲が悪くてずっと家にいられるのも耐え難いので離婚しても仕方ないかなと。子どもが空気を読んで場を和ませようとしたり親に気を遣う状況は一刻も早く打破してほしいです。

あと、悪口を聞けば聞くほどその親の味方になるのではなく、言われている側の肩を持ちたくなるかもしれません。案外子どもってフェアだったりしますよ。

■親が再婚を考える際に気を付けておいてほしいことってありますか。

子どもの年齢を考えた方がいいと思います。自分は絶対に他人の誰かと一緒に住むのはありえないので、子どもが自立してからにしてほしいと思います。子どもがものすごく小さければ馴染むかもしれませんが、思春期だとか物心ついている年齢で再婚して誰かが一緒に住むという状況をもし子どもが喜んでいるとしたら、本心で喜んでいるというよりも親が喜んでいるから喜んでいるのかもしれません。

私も親に笑顔でいてほしいけれど、一緒に住むことだけは絶対に阻止します。一緒に住まないのであれば、社会的にちゃんとしている人であれば自由に幸せになってもらいたいです。あと恋愛の相談とかはいらないので自分の目できちんと判断して紹介してもらうくらいでいいです。

■離婚している親御さんたちへ伝えたいことはありますか。

子どもはどんな時も親が笑顔でいてくれることを一番望んでいると思います。子どものためになにかを犠牲にしたり子どもに依存するのではなく、自分の人生を謳歌している方が尊敬できるしかっこいいです。そして、子どもは両親それぞれと関わる中で親のことを自分の目で見て理解を深めていきます。子どもに対して離婚して申し訳ないという気持ちは一度は持ってもらいたいけれど、いつまでもそこにひきずられずに前を向いて楽しく生きてください。そうすれば子どももきっと幸せです。

■親が離婚している子どもの立場の方へもメッセージをお願いします。

離婚は親の問題です。決して子どものせいではありません。なのでなにも後ろめたいこともなければ、かわいそうと思われる存在でもありません。自分は自分。親が離婚していてもしていなくても自分の人生を決めるのは自分です。親が離婚したから……とか環境のせいにするよりも、親を見返すくらいのパワーで人生を切り開いていきましょう！　そして、親のすることがあまりに不本意ならば、ほかの大人に頼ればいいし、きちんと意見を伝えていいと思います。なんとかなりますよ。

2.「子どもが願うことは、両親が争わないこと、笑顔でいてくれること、ただそれだけ」

プロフィール

40代男性。４人兄弟の末っ子。小学校6年生の時に両親が離婚。父のもとで暮らしたのちに母と暮らすようになる。高校卒業後上京し、現在は結婚し子どもが2人。コンサルティング業に従事する。

■ご両親の離婚とその後の様子をお聞かせください。

離婚する2年くらい前からでしょうか。私が小学校4年生くらいから両親の口論が増え、争っている様子を何度も見てきました。争うといっても、もっぱら父が一方的に母を攻撃していることばかりでしたね。

父が母に手を出すことも何度か目にしました。

最終的に離婚となった時の情景は鮮明に覚えています。家族全員の前で父が子どもたちに向け、「お前たち、どっちについていく？」と。重い空気の中、口火を切ったのが兄でした。発した言葉は「おとんについていく。もう、それしかないやろ！」と。本当は母について行きたかったはずです。兄姉全員がそう思っていたと思いますが、母に負担をかけたくない、進路のこともあるし経済面を踏まえ子どもながらに父について行った方がいい、そうするしかないと決断せざるを得なかったのだと思います。そして、兄に続き、1人の姉を除く全員が父を選びました。この選択しかなかったのです。

父との生活が平穏だったのは数週間だけでした。ある日を境に突然、「言うこと聞かないなら出ていけ」といったトップダウンのスタンスになったのです。日頃より家事をしない父なので、子どもらの食事はカロリーメイトだけで済ますという日がほとんどでした。父は夜になると会食に行ったりなど、家を留守にすることも多く、兄姉と家事を分担しながら過ごしました。

直ぐに我慢が限界に達し、兄から順々に父のもとを離れ母と一緒に暮らすようになっていきました。私も含めて離婚から数カ月で母との生活に落ち着いていました。

母と暮らすようになってからも、経済的なことでいろいろと大変なことはありましたが、父がいない生活はなににも変え難い解放感がありました。個人的には母に笑顔が徐々に戻っていき、人として女性としての、自分らしさみたいなものを取り戻している母の姿を見られたのが、なによりも嬉しかったですね。

■離婚後もご両親とは会い続けていましたか。

離婚の時は、母が家を出ることになったわけですが、荷造りをしている背中をずっと見ていました。母は最低限の荷物を持ち、祖母の家に住んでいました。

母のもとで暮らすようになってからは、私が主に父と会っていましたね。主な目的は会うとよくもらえたお小遣いだったと思います。最初の数カ月のみで、以降は養育費を出さないようになり、離婚後も母のことを苦しめる父が大嫌いだったので、「この大嫌いな父から少しでもお金を取ってやるんだ」という思いがあったと思います。母は父のことを嫌いだったはずですが、いつも「あんたらは父に会ってええんやで、会いに行きなさい」と言ってくれていましたね。なので、会うことに対し、母に気を遣うことはありませんでしたし、家に帰って父の話をすることもありました。

高校卒業後上京し社会人になってからも、帰省する際など、父とはたまに会っていました。結婚後は一度だけ妻と子どもを会わせたこともあります。

■父へ負の感情があると会いたくないと思うのが自然な気がしますが、大人になってもなぜ会おうと思えていたのでしょうか。

ある時期を境に父に明らかな変化がありました。なんとあの父がボランティア活動に人生の舵を切り始めたのです。急にお釈迦さまやガンジーの話をするようになったり、とにかく全くの別人になっていきました。おそらく変わった大きなきっかけは、1995年に起きた阪神淡路大震災です。この震災で母と暮らす家族全員が被災し、兄は亡くなりました。この兄の死により父は大きく変わったのだと思います。

当時、母と私たち兄姉は古いアパートに住んでいました。離婚前に家族で住んでいた戸建てには父は住んでおらず空き家になっていたので、そこに住まわせて欲しいと父に交渉していたのが兄でした。しかしながら父はプライドからなのか断固反対していたのです。これはあくまで私の想像ですが、もし兄の交渉を受け入れ、元の家に住んでいたら地震で兄が死ぬことはなかったのではないか、という後悔が父にはあったのかもしれません。事実その家は地震後も残っていました。

父はすでに病気で他界しました。ボランティアを始めてから、いろいろと変化のあった父ではありましたが、だからといって好きになれたわけではなく、亡くなった時は「あなたは自分の好きなように生きたんだね。本当に家族を振り回したよね」という感情が先で、悲しみは特になかったというのが正直なところでもあります。

ただ、父が亡くなった後、父からボランティアを受けた方の話を聞く機会があり、その時知ったのが、父は多くの方のために貢献していて感謝をされていたということ。それを聞き、初めて父へ想いを馳せるようになりました。今となっては、「もっと腹を割って話したかった。自分の子どもをもっと会わせたかった。もっと父を理解し共感してあげたかった」と思っています。

■今ふりかえって、両親にはどうあってほしかったですか。

仲良くしていてほしかったです。とにかく喧嘩してほしくなかったし、居心地の悪い雰囲気になってほしくなかった。その雰囲気の中にいたくなかったです。淀んだ空気の家に帰るのは苦痛だったので、できるかぎり友だちと遊ぶようにして遅い時間に帰るようにしていたときもありました。

相談する人もいなければ、この環境を変える代替手段を思いつくわけでもない。とにかく我慢するしかないと思っていました。このときは人生そのものが、とにかく嫌でたまらなかったですね。

母の苦しんでいる背中をずっと見ているのもつらかったので、そこから早く解放させてあげたいと心から思っていました。仲良くできないのであれば別れればいいのにってずっと思っていました。

離婚して父から解放された後、母は変われたんだと思います。初めて父以外の男性とも付き合って嬉しそうにしていたのも見ていますし、私もその時の彼と会っていて、とても恥ずかしい気持ちもありましたが、なにより母が嬉しそうな姿を見れたことが嬉しくほっとしていたと思います。母が笑顔でいることが一番だったんです。

■現在、育った環境が影響していることはありますか。

あるでしょうね。きっと。私は弱い立場の人に対して心が動くことが多く、困っている人のサポートをしたいという気持ちが強いほうだと自覚しています。これは、もしかしたら父がボランティアしていたことと通ずるのではないかと思っています。無意識に父と同じ道を歩き始めているのかもしれませんね。

あと、母が苦しんでいる姿を見すぎていたせいか、「男は女を守るべき」という思いが強くあり、「守る」＝「男は外で働き、女は専業主婦で家を守る」という古風な価値観に凝り固まっていました。結婚当初はこのマインドが抜けておらず、妻に対して家事や育児について自分勝手な指摘や文句を言っていたこともありましたね。妻は随分我慢してくれていたんだと思います。大変な苦労をかけてしまいました。

今となっては夫婦間の喧嘩や口論さえありませんが、これも妻のおかげですね。そして、自分の価値観が変わることができたのも、妻や周りにいる仲間のお陰だと思っています。

■子連れ別居・離婚している方へ伝えたいことはありますか。

母が苦しんでいたというのがベースにあるので、苦しむくらいなら各々の人生を歩んで楽しんでほしいと思っています。離婚はネガティブに取られがちですが、選択肢として持っていていいんだよ、と伝えたいですね。子どもはなによりも親の争いの中にいる方がつらいですから。その争っているときの親の顔色を見るのって本当につらいんですよ。

私は父のことを嫌いな時期が長かったですが、それでも会っていてよかったと思っています。会っていたからこそ父の変化を知ることもできたし、私の妻子を会わせることもできました。父は学費の一部は出してくれていたので学校に通えたことも感謝しています。

主にお小遣いをもらう目的で会いに行っていた時期があったのは事実ですが、もらってきた後母に父のことを話すと、母が父のことを笑いながら悪口を言ったりするんですよね。その時間もなんだか楽しかった記憶もあります。母は父が亡くなった時に「父はかわいそうな人だから」と涙を流しながら言っていたんです。母は怒りの臨界点を越えて父を許し受け入れていたんだなと感じる瞬間でもありました。

あと、今話していて気づいたのですが、自分自身どこかで父に愛されたい、認めてもらいたいとずっと思っていたんじゃないかって思うんです。話を聞いてもらいたいとか、褒めてもらいたいとか。承認してもらいたかったから会いたいって潜在的に思っていたのかもしれません。父のことを恨んでいた時期もありましたが、応援もしてもらいたかったし、愛情の眼差しで見てもらいたかったんじゃないかなって。子どもって遺伝子レベルでそういうものなのかもしれませんね。

だからこそ、離婚してもいつでも自由に親と会える環境を整えてあげてほしいです。そして離婚を選択してもしなくても親同士が争わないであげてほしいと切実に願います。

■ご自身のこれからの夢やビジョンがあれば教えてください。

私は困っている人に対して少しでも役に立ちたい、必要とされる人間でありたいと常に思っています。仕事柄事業戦略やマーケティングなどに強い方なので、ビジネスシーンで役に立っていきたいですね。

個人レベルだと半径5メートルの人しか救えないけれど、ビジネスはスケールする前提なので何千何万という人たちを救える可能性がありますし、ビジネスで成立させれば持続可能なものになりますから。世の中の役に立っている背中を、まず一番に子どもに見せていきたいですね。

そして、自分が必要とされることほど嬉しいことはないので、必要としてくれる人へ恩返しもしていきたいです。

おわりに

最後までお読みいただきありがとうございます。さまざまな共同養育のケースに触れられて、どのように感じられましたか。ご自身でやってみようと思えるケースはありましたでしょうか。

どのケースを見ても共通して言えるのが、「親同士の風通しがよいに越したことはない」ということ、これに尽きるんですよね。であれば、逆算すると、「いかに争わずに話し合い離婚するか」これしかないわけです。

これまで離婚に悩む父母の支援をしてきたなかで、裁判所で争い、相手への疑心がふくらみ、勝敗にこだわり、同居中よりも関係が悪化してしまっているご夫婦を数多く見てきました。

どの方も「自分の気持ちをわかってくれない」つまりは「わかってほしい」が根源にあり、わかってくれない相手だから負けたくない、負かしてやりたいという気持ちになってしまっているように感じています。

離婚の際に条件ありきではなく、離婚の原因となるわだかまりを、すべてとは言わずともできるかぎり解消すれば、親同士の関係に十分になりえるのです。ただ、そのような支援が世の中にはまだまだ少ないのも事実です。

今まさに、離婚後の親権に関する法改正が進もうとしています。私自身の見解としては、離婚しても両親が子育てに関わることが当たり前な社会になるソーシャルインパクトを与えることや、共同親権なら円満に離婚できるという夫婦が選択肢として選べるためにも、共同親権が導入されることに賛成です。

ただ、共同親権になったからといって、子どもの望む親同士が争わない共同養育ができるかどうか、は別物。親それぞれが相手との関わりにおいて、譲ったり尊重したりする歩み寄りの気持ちを持ち、子どものために争わない関係性を作り出すことこそが大事なことなんですよね。

とはいえ、離婚するほどの夫婦がそんな「歩み寄り」だなんて悠長なことを考えることは難しいですし、離婚後も円滑にやりとりをしながら共同養育を実践することも決して容易なことではありません。

子どもの養育条件を取り決めたとしても、調整や変更事項は出てくることでしょう。また、ちょっとした事務的な連絡のやりとりが必要なことも出てきます。

その都度、殺伐としたやりとりがされたり、意向が合わずにもめてしまうことがストレスになるから、やりとりをやめたい、と思うこともあるかもしれません。

また、「約束を守らないなら再調停だ！」となってしまうとさらに関係が悪化しますし、ちょっとしたボタンのかけ違いをかけ直せば済むこともたくさんあるんです。

そんなとき、気軽に相談できたり、親同士の間に入って連絡の調整をしたり、気持ちの面での交通整理をできる受け皿的存在であり続けたい、そんな思いでりむすびの活動を続けています。そして、離婚前も離婚後も再婚後にだって、自分でなんとかしなくてはと肩に力を入れすぎずに、支援があること、そして支援を頼っていいんだと知ってもらえるといいなと思います。せっかく離婚したのであれば、子どものダメージを最小限にしながら、相手との関わりのストレスから解放され、第二の人生を味わい尽くしましょう。

最後に、本書の出版に至ったのは、いつもともに活動してくれている望月理事、藤原理事をはじめ、仲間の皆さん、法的なアドバイスをくださった弁護士の方々、そして、りむすびを信じて頼ってくださるご依頼者あってのこと。あらためて感謝申し上げます。また、共同養育に関心を寄せ伴走くださった遠見書房の駒形大介様に心よりお礼申し上げます。

しばはし聡子

著者略歴

しばはし聡子（しばはし・さとこ）

一般社団法人りむすび代表，共同養育コンサルタント

1974 年生まれ。慶應義塾大学法学部法律学科卒業。

一児の母で子連れ離婚経験者。離婚当時，夫と関わりたくがないがゆえに子どもと父親を会わせることに後ろ向きに。その間子どもの気持ちが不安定になった後悔を機に，離婚後両親で子育てをする「共同養育」を普及するため，脱サラし 2017 年一般社団法人りむすびを設立。前職では電力業界にて広報や秘書を務める。

現在，共同養育実践に向けたカウンセリング，親子交流支援，離婚協議 ADR，普及に向けた講演活動や執筆活動を行う。また，別居や離婚を経験した父母が集うオンラインサロン「りむすびコミュニティ」を運営。現在，全国から 100 名にのぼる会員が集い共同養育に向けた相互理解をはかる。メディア出演実績多数。

主な著書：「離婚の新常識！　別れてもふたりで子育て―知っておきたい共同養育のコツ」（笑がお書房，2020）

離婚《りこん》・別居後《べっきょご》の共同養育実践《きょうどうよういくじっせん》マニュアル

別れたふたりで子育てをするためのケーススタディ 30

2024 年 5 月 15 日　第 1 刷
2024 年 6 月 18 日　第 2 刷

著　者　しばはし聡子《さとこ》

発行人　山内俊介

発行所　遠見書房

〒 181-0001 東京都三鷹市井の頭 2-28-16
株式会社　遠見書房
TEL 0422-26-6711　FAX 050-3488-3894
tomi@tomishobo.com　http://tomishobo.com
遠見書房の書店　https://tomishobo.stores.jp

印刷・製本　太平印刷社

ISBN978-4-86616-191-4　C0011